上卷

徐爱录

【原文·1】

先生于《大学》“格物”诸说，悉以旧本为正，盖先儒所谓误本者也。[①]爱始闻而骇，既而疑，已而殚精竭思，参互错综以质于先生，然后知先生之说，若水之寒，若火之热，断断乎“百世以俟圣人而不惑”者也。[②]先生明睿天授，然和乐坦易，不事边幅。人见其少时豪迈不羁，又尝泛滥于词章，出入二氏之学，[③]骤闻是说，皆目以为立异好奇，漫不省究。不知先生居夷三载，处困养静，[④]精一之功，固已超入圣域，粹然大中至正之归矣。爱朝夕炙门下，但见先生之道，即之若易而仰之愈高，见之若粗而探之愈精，就之若近而造之愈益无穷：十余年来，竟未能窥其藩篱。世之君子，或与先生仅交一面，或犹未闻其謦欬，或先怀忽易愤激之心，而遽欲于立谈之间，传闻之说，臆断悬度，如之何其可得也！从游之士，闻先生之教，往往得一而遗二，见其牝牡骊黄而弃其所谓千里者。[⑤]故爱备录平日之所闻，私以示夫同志，相与考而正之，庶无负先生之教云。门人徐爱书。[⑥]

传习录

王阳明◎著
叶圣陶◎点校

天津出版传媒集团
天津人民出版社

【注释】

①《大学》,《礼记》四十九篇之第四十二。郑玄曰:"《大学》者,以其记博学可以为政也。"唐人已有《大学》专本。北宋时,与《中庸》《论语》《孟子》合并为《四书》。程颐谓为"孔氏之遗书而初学入德之门也"。朱熹为之作注,称《大学章句》,则区全篇为经一章,传十章,并记之云:"旧本颇有错简,今因程子所定而更考经文,别为序次如左。"而以旧本为误本。《大学》有"致知在格物"一语,朱熹注云:"格,至也。物,犹事也。穷至事物之理,欲其极处无不到也。"又补释"格物致知"之义曰:"所谓致知在格物者,言欲致吾之知,在即物而穷其理也。盖人心之灵莫不有知,而天下之物莫不有理,惟于理有未穷,故其知有不尽也。是以大学始教,必使学者即凡天下之物,莫不因其已知之理而益穷之,以求至乎其极;至于用力之久,而一旦豁然贯通焉,则众物之表里精粗无不到而吾心之全体大用无不明矣。此谓物格,此谓知之至也。"此说也,守仁抵之。

②"百世以俟圣人而不惑",语出《中庸》;言垂法于后,堪以俟待后之圣人,虽远至百世,其道不异也。

③二氏之学,言释与道也。按守仁门人钱德洪诸人所为年谱,守仁至二十七岁,始"自念辞章艺能不足以通至道",至三十一岁,"渐悟仙、释二氏之非"。

④明武宗初政,宦官刘瑾专权,南京科道戴铣等以诤谏得罪。守仁抗疏救之,亦得罪,谪贵州龙场驿驿丞。以正德三年春至龙场,五年升江西庐陵县知县。其在贵州,为始论"知行合一"之时。

⑤昔九方皋相马,观其精而不措意于牝牡骊黄。此处言见其粗而弃其精也。

⑥徐爱,字曰仁,号横山,余姚人。从守仁游,守仁器之,

妻以女弟。举正德进士，历官南工部郎中。守仁良知之说，学者初多未信，爱疏通辨析，畅其指要。年三十一卒，守仁哭之恸。

【原文·2】

爱问：“‘在亲民’，朱子谓当作‘新民’，后章‘作新民’之文似亦有据。①先生以为宜从旧本作‘亲民’，亦有所据否？”

先生曰：“‘作新民’之‘新’是‘自新之民’，与‘在新民’之‘新’不同，此岂足为据！‘作’字却与‘亲’字相对，然非‘新’字义。下面‘治国平天下’处，皆于‘新’字无发明。如云‘君子贤其贤而亲其亲，小人乐其乐而利其利’，‘如保赤子’，‘民之所好好之，民之所恶恶之，此之谓民之父母’之类，皆是‘亲’字意。‘亲民’犹《孟子》‘亲亲仁民’之谓，②‘亲之’即‘仁之’也。‘百姓不亲’，舜使契为司徒，‘敬敷五教’，③所以亲之也。《尧典》‘克明峻德’便是‘明明德’，‘以亲九族’至‘平章’‘协和’便是‘亲民’，便是‘明明德于天下’。④又如孔子言‘修己以安百姓’，⑤‘修己’便是‘明明德’，‘安百姓’便是‘亲民’。说‘亲民’便是兼教养意，说‘新民’便觉偏了。”

【注释】

①《大学》篇首云：“大学之道，在明明德，在亲民，在止于至善。”朱熹《章句》据程子曰：“亲，当作新。”注云：“新者，革其旧之谓也。言既自明其明德，又当推以及人，使之亦有以去其旧染之污也。”“作新民”系《大学》引《康诰》语。

②《孟子·尽心篇》云：“孟子曰：‘君子之于物也，爱之

而弗仁；于民也，仁之而弗亲。亲亲而仁民，仁民而爱物。’”

③见《书·舜典》。

④《书·尧典》云：“……克明俊德，以亲九族。九族既睦，平章百姓。百姓昭明，协和万邦。……”峻俊通假，大也。平章百姓，言百官之氏族分别章明也。

⑤见《论语·宪问篇》。子路问君子，孔子答以“修己以敬”“修己以安人”而殿以此语。

【原文·3】

爱问：“‘知止而后有定’，朱子以为事事物物皆有定理，[①]似与先生之说相戾。”

先生曰：“于事事物物上求至善，却是义外也。[②]至善是心之本体，只是明明德到至精至一处便是。然亦未尝离却事物，本注所谓‘尽夫天理之极而无一毫人欲之私’者得之。[③]”

【注释】

①“知止而后有定”，《大学》语。止，所止之处，指至善也。言知所止则有定向也。朱子主即物而穷其理，固以事事物物皆有定理为前提也。

②义外之说，发自告子。《孟子·告子篇》：“告子曰‘食色，性也。仁，内也，非外也。义，外也，非内也。’”孟子与辨，则明仁义俱在内。此处取义外为言，以明至善不在事事物物上也。

③朱熹注解《大学》“大学之道，在明明德，在亲民，在止于至善”句曰：“言明明德新民，皆当止于至善之地而不迁。盖

必其有以尽夫天理之极而无一毫人欲之私也。”

【原文·4】

爱问：“至善只求诸心，恐于天下事理有不能尽。”

先生曰：“心即理也。天下又有心外之事，心外之理乎？”

爱曰：“如事父之孝，事君之忠，交友之信，治民之仁，其间有许多理在，恐亦不可不察。[①]”

先生叹曰：“此说之蔽久矣，岂一语所能悟；今姑就所问者言之。且如事父不成去父上求个孝的理，事君不成去君上求个忠的理，交友、治民不成去友上、民上求个信与仁的理：都只在此心。心即理也，此心无私欲之蔽，即是天理，不须外面添一分。以此纯乎天理之心，发之事父便是孝，发之事君便是忠，发之交友、治民便是信与仁。只在此心去人欲、存天理上用功便是。”

爱曰：“闻先生如此说，爱已觉有省悟处。但旧说缠于胸中，尚有未脱然者。如事父一事，其间温凊定省之类，[②]有许多节目，不亦须讲求否？”

先生曰：“如何不讲求？只是有个头脑，只是就此心去人欲、存天理上讲求。就如讲求冬温，也只是要尽此心之孝，恐怕有一毫人欲间杂；讲求夏凊，也只是要尽此心之孝，恐怕有一毫人欲间杂：只是讲求得此心。此心若无人欲，纯是天理，是个诚于孝亲的心，冬时自然思量父母的寒，便自要去求个温的道理，夏时自然思量父母的热，便自要去求个凊的道理，这都是那诚孝的心发出来的条件。却是须有这诚孝的心，然后有这条件发出来；譬之树木，这诚孝的心便是根，许多条件便是枝叶，须先有根，然后有枝叶，不是先寻了枝叶，然后去种根。《礼记》言‘孝子之有深爱者，必有和气，有和气者，必有愉色，有愉色者，必有婉容。’[③]须是有个深爱做根，便自然如此。”

【注释】

①盖爱以为事父、事君等为心外之事，孝与忠等为心外之理也。

②《礼记·曲礼》云：“凡为人子之礼，冬温而夏凊，昏定而晨省。”言冬日则温，以御其寒，夏日则凊，以致其凉，昏则定其衽席，晨则省其安否也。

③《礼记·祭义篇》语。

【原文·5】

郑朝朔[①]问：“至善亦须有从事物上求者。”

先生曰：“至善只是此心纯乎天理之极便是。更于事物上怎生求？且试说几件看。”

朝朔曰：“且如事亲，如何而为温凊之节，如何而为奉养之宜，须求个是当，方是至善；所以有学问思辨之功。”[②]

先生曰：“若只是温凊之节，奉养之宜，可一日二日讲之而尽，用得甚学问思辨！惟于温凊时也只要此心纯乎天理之极，奉养时也只要此心纯乎天理之极，此则非有学问思辨之功，将不免于毫厘千里之缪；所以虽在圣人，犹加‘精一’之训。[③]若只是那些仪节求得是当，便谓至善，即如今扮戏子扮得许多温凊奉养的仪节是当，亦可谓之至善矣。”

爱于是日又有省。

【注释】

①郑朝朔，名一初，揭阳人，弘治乙丑进士。

②《中庸》论诚之之道，有云："博学之，审问之，慎思之，明辨之。"

③《书·大禹谟》有云："人心惟危，道心惟微。惟精惟一，允执厥中。"舜所以命禹之语也。

【原文·6】

爱因未会先生知行合一之训，与宗贤[1]惟贤往复辩论未能决，以问于先生。

先生曰："试举看。"

爱曰："如今人尽有知得父当孝、兄当弟者，却不能孝、不能弟，便是知与行分明是两件。"

先生曰："此已被私欲隔断，不是知行的本体了。未有知而不行者；知而不行，只是未知。圣贤教人知行正是要复那本体，不是着你只恁的便罢。故《大学》指个真知行与人看，说'如好好色，如恶恶臭'。见好色属知，好好色属行，只见那好色时已自好了，不是见了后又立个心去好；闻恶臭属知，恶恶臭属行，只闻那恶臭时已自恶了，不是闻了后别立个心去恶。如鼻塞人虽见恶臭在前，鼻中不曾闻得，便亦不甚恶，亦只是不曾知臭。就是称某人知孝、某人知弟，必是其人已曾行孝、行弟，方可称他知孝、知弟；不成只是晓得说些孝、弟的话，便可称为知孝、弟。

又如知痛，必已自痛了方知痛；知寒，必已自寒了；知饥，必已自饥了。知行如何分得开？此便是知行的本体，不曾有私意隔断的。圣人教人必要是如此，方可谓之知；不然，只是不曾知。此却是何等紧切着实的工夫！如今苦苦定要说知行做两个，是甚么意？某要说做一个，是甚么意？若不知立言宗旨，只管说一个两个，亦有甚用！”

爱曰：“古人说知行做两个，亦是要人见个分晓，一行做知的功夫，一行做行的功夫，即功夫始有下落。”

先生曰：“此却失了古人宗旨也。某尝说知是行的主意，行是知的功夫；知是行之始，行是知之成。若会得时，只说一个知已自有行在，只说一个行已自有知在。古人所以既说一个知、又说一个行者，只为世间有一种人，懵懵懂懂的任意去做，全不解思惟省察，也只是个冥行妄作，所以必说个知，方才行得是；又有一种人，茫茫荡荡悬空去思索，全不肯着实躬行，也只是个揣摸影响，所以必说一个行，方才知得真。此是古人不得已补偏救弊的说话，若见得这个意时，即一言而足。今人却就将知行分作两件去做，以为必先知了，然后能行，我如今且去讲习讨论做知的工夫，待知得真了，方去做行的工夫：故遂终身不行，亦遂终身不知。此不是小病痛，其来已非一日矣。某今说个知行合一，正是对病的药，又不是某凿空杜撰，知行本体原是如此。今若知得宗旨时，即说两个亦不妨，亦只是一个；若不会宗旨，便说一个，亦济得甚事，只是闲说话。”

【注释】

①宗贤，一作叔贤，黄氏名绾，号久庵，浙江太平人。以荫入官，累擢礼部尚书，兼翰林学士，致仕卒。有《五经原古》。惟贤，

顾氏名应祥，号若溪，长兴人。弘治进士。有《惜阴录》《人代纪要》《尚书纂言》《归田诗选》《南诏事略》等书。尤精算学，有《授时历撮要》《测圆海镜分类释术》《弧矢算术》诸书。守仁没后，应祥见《传习续录》，门人问答，多有未当于心者，因作《传习录疑》《龙溪致知议略》。

【原文·7】

爱问："昨闻先生'止至善'之教，已觉功夫有用力处；但与朱子'格物'之训，思之终不能合。"

先生曰："'格物'是'止至善'之功。既知'至善'，即知'格物'矣。"

爱曰："昨以先生之教推之'格物'之说，似亦见得大略。但朱子之训，其于《书》之'精一'，《论语》之'博约'，《孟子》之'尽心知性'，皆有所证据，[①]以是未能释然。"

先生曰："子夏笃信圣人，曾子反求诸己，笃信固亦是，然不如反求之切。今既不得于心，安可狃于旧闻，不求是当？就如朱子，亦尊信程子，至其不得于心处，亦何尝苟从？'精一''博约''尽心'本自与吾说吻合，但未之思耳。朱子'格物'之训，未免牵合附会，非其本旨。精是一之功，博是约之功，曰仁既明知行合一之说，此可一言而喻。'尽心知性知天'是'生知安行'事，'存心养性事天'是'学知利行'事，'夭寿不贰，修身以俟'是'困知勉行'事。[②]朱子错训'格物'，只为倒看了此意，以'尽心知性'为'物格知至'，[③]要初学便去做'生知安行'事，如何做得！"

爱问："'尽心知性'何以为'生知安行'？"

先生曰："性是心之体，天是性之原，尽心即是尽性。惟天下至诚，为能尽其性，知天地之化育。[④]'存心'者，心有未尽也。[⑤]'知天'如'知州''知县'之'知'，是自己分上事，已与天为一。'事天'如子之事父、臣之事君，须是恭敬奉承，然后能无失，尚与天为二。此便是圣贤之别。至于夭寿不贰其心，乃是教学者一心为善，不可以穷通夭寿之故，便把为善的心变动了，只去修身以俟命，见得穷通夭寿有个命在，我亦不必以此动心。'事天'虽与天为二，已自见得个天在面前；'俟命'便是未曾见面，在此等候相似，此便是初学立心之始，有个困勉的意在。今却倒做了，所以使学者无下手处。"

爱曰："昨闻先生之教，亦影影见得功夫须是如此；今闻此说益无可疑。爱昨晓思'格物'的'物'字，即是'事'字，皆从心上说。"

先生曰："然。身之主宰便是心，心之所发便是意，意之本体便是知，意之所在便是物。如意在于事亲，即事亲便是一物，意在于事君，即事君便是一物，意在于仁民、爱物，即仁民、爱物便是一物，意在于视、听、言、动，即视、听、言、动便是一物。所以某说无心外之理，无心外之物。《中庸》言'不诚无物'。《大学》'明明德'之功，只是个'诚意'；'诚意'之功，只是个'格物'。

【注释】

①精一，见前第242页注③。《论语·雍也篇》云："子曰：'君子博学于文，约之以礼，亦可以弗畔矣夫。'"又《子罕篇》颜渊自称"夫子……博我以文，约我以礼"。此处爱以为"博文"与"格物"同致。《孟子·尽心篇》云："孟子曰：'尽其心者，

知其性也；知其性则知天矣。’”此处爱以为必穷理而后尽乎此心之量，而穷理即所谓“格物”也。

②《孟子·尽心篇》云（承前条所引之后）：“存其心，养其性，所以事天也。夭寿不贰，修身以俟之，所以立命也。”《中庸》云：“或生而知之，或学而知之，或困而知之，及其知之，一也。或安而行之，或利而行之，或勉强而行之，及其成功，一也。”

③朱熹注“尽其心者……”句结尾云：“以《大学》之序言之，知性则物格之谓，尽心则知至之谓也。”

④此语盖本《中庸》。《中庸》云：“唯天下至诚，为能尽其性；能尽其性，则能尽人之性；能尽人之性，则能尽物之性；能尽物之性，则可以赞天地之化育；可以赞天地之化育，则可以与天地参矣。”

⑤言必未尽而后有待乎存，既尽即无所用存也。

【原文·8】

先生又曰：“‘格物’如《孟子》‘大人格君心’之格，[①]是去其心之不正，以全其本体之正。但意念所在，即要去其不正，以全其正，即无时无处不是存天理，即是穷理，‘天理’即是‘明德’，‘穷理’即是‘明明德’。”

【注释】

①《孟子·离娄篇》：“孟子曰：‘……惟大人为能格君心之非。……’”格，正也。

【原文·9】

又曰："知是心之本体，心自然会知。见父自然知孝，见兄自然知弟，见孺子入井自然知恻隐：此便是'良知'，[①]不假外求。若'良知'之发，更无私意障碍，即所谓充其恻隐之心，而仁不可胜用矣。然在常人，不能无私意障碍，所以须用'致知''格物'之功。胜私复理，即心之'良知'更无障碍，得以充塞流行，便是致其知。知致则意诚。"

【注释】

①《孟子·尽心篇》云："孟子曰：'人之所不学而能者，其良能也。所不虑而知者，其良知也。'"

【原文·10】

爱问："先生以'博文'为'约礼'功夫，深思之，未能得，略请开示。"

先生曰："'礼'字即是'理'字。'理'之发见可见者谓之'文'，'文'之隐微不可见者谓之'理'，只是一物。'约礼'只是要此心纯是一个天理。要此心纯是天理，须就'理'之发见处用功：如发见于事亲时，就在事亲上学存此天理；发见于事君时，就在事君上学存此天理；发见于处富贵、贫贱时，就在处富贵、贫贱上学存此天理；发见于处患难、夷狄时，就在处患难、夷狄上学存此天理；[①]至于作止、语默，无处不然，随他发见处，即就那上面学个存天理。这便是'博学之于文'，便是'约礼'的功夫。'博文'即是'惟精'，'约礼'即是'惟一'。"

【注释】

①富贵、贫贱，患难、夷狄，语本《中庸》。《中庸》云：“君子素其位而行，不愿乎其外，素富贵行乎富贵，素贫贱行乎贫贱，素夷狄行乎夷狄，素患难行乎患难：君子无入而不自得焉。”

【原文·11】

爱问：“‘道心’常为一身之主，而‘人心’每听命；以先生‘精一’之训推之，此语似有弊。”

先生曰：“然。心一也，未杂于人谓之‘道心’，杂以人伪谓之‘人心’，‘人心’之得其正者即‘道心’，‘道心’之失其正者即‘人心’，初非有二心也。程子谓‘人心即人欲，道心即天理’，语若分析，而意实得之。今曰道心为主，而人心听命，是二心也。‘天理’‘人欲’不并立，安有‘天理’为主，‘人欲’又从而听命者！”

【原文·12】

爱问文中子①、韩退之。

先生曰：“退之，文人之雄耳；文中子，贤儒也。后人徒以文词之故，推尊退之，其实退之去文中子远甚。”

爱问：“何以有拟经之失？”

先生曰：“拟经恐未可尽非。且说后世儒者著述之意与拟经如何？”

爱曰："世儒著述，近名之意不无，然期以明道；拟经纯若为名。"

先生曰："著述以明道，亦何所效法？"

曰："孔子删述六经以明道也。"

先生曰："然则拟经独非效法孔子乎？"

爱曰："著述即于道有所发明；拟经似徒拟其迹，恐于道无补。"

先生曰："子以明道者，使其反朴还淳而见诸行事之实乎？抑将美其言辞而徒以诡诡于世也？天下之大乱，由虚文胜而实行衰也。使道明于天下，则《六经》不必述；删述《六经》，孔子不得已也。自伏羲画卦，至于文王、周公，其间言《易》，如《连山》《归藏》之属，[②]纷纷籍籍，不知其几，《易》道大乱。孔子以天下好文之风日盛，知其说之将无纪极，于是取文王、周公之说而赞之，[③]以为惟此为得其宗。于是纷纷之说尽废，而天下之言《易》者始一。《书》《诗》《礼》《乐》《春秋》皆然。《书》自《典》《谟》以后，《诗》自《二南》以降，如《九邱》《八索》，[④]一切淫哇逸荡之词，盖不知其几千百篇。礼乐之名物度数，至是亦不可胜穷。孔子皆删削而述正之，然后其说始废。如《书》《诗》《礼》《乐》中，孔子何尝加一语。今之《礼记》诸说，皆后儒附会而成，已非孔子之旧。至于《春秋》，虽称孔子作之，[⑤]其实皆鲁史旧文；所谓'笔'者笔其旧，所谓'削'者削其繁，是有减无增。孔子述《六经》，惧繁文之乱天下，惟简之而不得，使天下务去其文以求其实，非以文教之也。《春秋》以后，繁文益盛，天下益乱。始皇焚书得罪，是出于私意，又不合焚《六经》；若当时志在明道，其诸反经叛理之说，悉取而焚之，亦正暗合删述之意。自秦、汉以降，文又日盛，若欲尽去之，断不能去；只宜取法孔子录其近是者而表章之，则其诸怪悖之说，亦宜渐渐自废。不知文中子当时拟经之意如何。

某切深有取于其事，以为圣人复起，不能易也。天下所以不治，只因文盛实衰，人出己见，新奇相高，以眩俗取誉，徒以乱天下之聪明，涂天下之耳目，使天下靡然，争务修饰文词以求知于世，而不复知有敦本尚实，反朴还淳之行：是皆著述者有以启之。”

爱曰：“著述亦有不可缺者，如《春秋》一经，若无《左传》，恐亦难晓。”

先生曰：“《春秋》必待《传》而后明，是歇后谜语矣，圣人何苦为此艰深隐晦之词。《左传》多是鲁史旧文，若《春秋》须此而后明，孔子何必削之？”

爱曰：“伊川亦云：[⑥]‘《传》是案，《经》是断。’如书弑某君，伐某国，若不明其事，恐亦难断。”

先生曰：“伊川此言，恐亦是相沿世儒之说，未得圣人作经之意。如书弑君，即弑君便是罪，何必更问其弑君之详？征伐当自天子出，书伐国，即伐国便是罪，何必更问其伐国之详？圣人述《六经》，只是要正人心，只是要存天理、去人欲，于存天理、去人欲之事则常言之。或因人请问，各随分量而说，亦不肯多道，恐人专求之言语，故曰‘予欲无言’。[⑦]若是一切纵人欲、灭天理的事，又安肯详以示人，是长乱导奸也。故孟子云：‘仲尼之门，无道桓、文之事者，是以后世无传焉’。[⑧]此便是孔门家法。世儒只讲得一个伯者的学问，所以要知得许多阴谋诡计，纯是一片功利的心，与圣人作经的意思正相反，如何思量得通！”因叹曰：“此非达天德者，未易与言此也！”[⑨]又曰：“孔子云：‘吾犹及史之阙文也。’[⑩]孟子云：‘尽信书不如无书，吾于《武成》，取二三策而已。’[⑪]孔子删《书》，于唐、虞、夏四五百年间不过数篇，岂更无一事，而所述止此，圣人之意可知矣。圣人只是要删去繁文，后儒却只要添上。”

爱曰："圣人作经，只是要去人欲、存天理，如五伯以下事，圣人不欲详以示人，则诚然矣；至如尧、舜以前事，如何略不少见？"

先生曰："羲、黄之世，其事阔疏，传之者鲜矣。此亦可以想见其时全是淳庞朴素，略无文采的气象，此便是太古之治，非后世可及。"

爱曰："如《三坟》之类，⑫亦有传者，孔子何以删之？"

先生曰："纵有传者，亦于世变渐非所宜。风气益开，文采日胜，至于周末，虽欲变以夏、商之俗，已不可挽，况唐、虞乎！又况羲、黄之世乎！然其治不同，其道则一。孔子于尧、舜则祖述之，于文、武则宪章之。⑬文、武之法，即是尧、舜之道，但因时致治，其设施政令，已自不同，即夏、商事业施之于周，已有不合。故'周公思兼三王，其有不合，仰而思之，夜以继日'。⑭况太古之治，岂复能行。斯固圣人之所可略也。"又曰："专事无为，不能如三王之因时致治，而必欲行以太古之俗，即是佛、老的学术。因时致治，不能如三王之一本于道，而以功利之心行之，即是伯者以下事业。后世儒者许多讲来讲去，只是讲得个伯术。"

【注释】

①文中子，为隋王通，字仲淹，龙门人。教授河汾之间，受业千数。尝仿《春秋》作《元经》；又为《中说》以拟《论语》，独传世。及其卒，门人谥曰文中子。韩退之，名愈，唐昌黎人。为文宗经籍，成一家言，今有《昌黎先生集》。

②《周礼·春官》云："大卜……掌三易之法：一曰《连山》，二曰《归藏》，三曰《周易》。"传说《连山》伏羲所作，《归藏》黄帝所作。一说《连山》为《夏易》，《归藏》为《殷易》。

③传说文王叠八卦而成六十四卦，于每卦作卦辞，于卦之每爻作爻辞，(或谓爻辞系周公所作)。孔子赞《易》，则又据以《彖传》（上下）、《象传》（上下）、《系辞传》（上下）、《文言传》《说卦传》《序卦传》《杂卦传》七篇。

④典、谟，为《尧典》《舜典》《大禹谟》《皋陶谟》，《书》之首数篇也。《二南》，为《周南》《召南》，《诗》之首二辑也。《九邱》《八索》，传说皆古书名。

⑤言《春秋》系孔子所作，时代最先者为孟子。孟子曰："世衰道微，邪说暴行有作，臣弑其君者有之，子弑其父者有之。孔子惧，作《春秋》。《春秋》，天子之事也。是故孔子曰：'知我者其惟《春秋》乎，罪我者其惟《春秋》乎'。"见《孟子·滕文公篇》。

⑥伊川，宋程颐，字正叔。与兄颢同受学于周敦颐。其学本于诚，以《大学》《论语》《孟子》《中庸》为标指而达于《六经》。世称伊川先生。有《易春秋传》《语录》《文集》。

⑦《论语·阳货篇》云："子曰：'予欲无言。'子贡曰：'子如不言，则小子何述焉？'子曰：'天何言哉！四时行焉，百物生焉。天何言哉！'"

⑧齐宣王问孟子以齐桓、晋文之事，孟子答以此语。见《孟子·梁惠王篇》。《孟子》原文"门"作"徒"。

⑨此语本《中庸》。《中庸》论圣人之德，谓"苟不固聪明圣知达天德者，其孰能知之。"

⑩见《论语·卫灵公篇》。

⑪见《孟子·尽心篇》。《武成》，《周书》篇名，记武王伐纣之事。策，竹简也。

⑫《三坟》，传说为古书名。

⑬《中庸》称“仲尼祖述尧、舜，宪章文、武。”祖述，远宗之也。宪章，近法之也。

⑭语出《孟子·离娄篇》。

【原文·13】

又曰：“唐、虞以上之治，后世不可复也，略之可也。三代以下之治，后世不可法也，削之可也。惟三代之治可行。然而世之论三代者，不明其本而徒事其末，则亦不可复矣。”

【原文·14】

爱曰：“先儒论《六经》，以《春秋》为史，史专记事，恐与《五经》事体终或稍异。”

先生曰：“以事言谓之史，以道言谓之经。事即道，道即事。《春秋》亦经，《五经》亦史。《易》是包牺氏之史，《书》是尧、舜以下史，《礼》《乐》是三代史。其事同，其道同，安有所谓异！”

【原文·15】

又曰：“《五经》亦只是史。史以明善恶，示训戒：善可为训者，特存其迹以示法；恶可为戒者，存其戒而削其事以杜奸。”

爱曰：“存其迹以示法，亦是存天理之本然；削其事以杜奸，亦是遏人欲于将萌否？”

先生曰：“圣人作经，固无非是此意；然又不必泥着文句。”

爱又问：“恶可为戒者，存其戒而削其事以杜奸，何独于《诗》而不删郑、卫？先儒谓恶者可以惩创人之逸志，然否？”

先生曰：“《诗》非孔门之旧本矣。孔子云：‘放郑声，郑声淫。’[①]又曰：‘恶郑声之乱雅乐也。’[②]‘郑、卫之音，亡国之音也。’[③]此是孔门家法。孔子所定三百篇，皆所谓雅乐，皆可奏之郊庙，奏之乡党，皆所以宣畅和平，涵泳德性，移风易俗：安得有此！是长淫导奸矣！此必秦火之后，世儒附会，以足三百篇之数。盖淫泆之词，世俗多所喜传，如今闾巷皆然。恶者可以惩创人之逸志，是求其说而不得，从而为之辞。”

【注释】

①见《论语·卫灵公篇》。

②见《论语·阳货篇》。

③语出《礼记·乐记篇》。

徐爱跋

【原文 · 16】

爱因旧说汩没，始闻先生之教实是骇愕不定，无入头处；其后闻之既久，渐知反身实践，然后始信先生之学为孔门嫡传，舍是皆傍蹊小径，断港绝河矣。如说“‘格物’是‘诚意’的工夫，‘明善’是‘诚身’的工夫，‘穷理’是‘尽性’的工夫，‘道问学’是‘尊德性’的工夫，‘博文’是‘约礼’的工夫，‘惟精’是‘惟一’的工夫”。诸如此类，始皆落落难合；其后思之既久，不觉手舞足蹈。

陆澄录

【原文·17】

陆澄①问："主一之功，如读书则一心在读书上，接客则一心在接客上，可以为主一乎？"

先生曰："好色则一心在好色上，好货则一心在好货上，可以为主一乎？是所谓逐物，非主一也。主一是专主一个天理。"

【注释】

①陆澄，字原静，一字清伯，归安人。正德进士，授刑部主事，议大礼不合罢归。后悔前议之非，上言自讼，帝恶其反复，遂斥不用。

【原文·18】

问立志。

先生曰："只念念要存天理，即是立志。能不忘乎此，久则自然心中凝聚，犹道家所谓‘结圣胎’也。[1]此天理之念常存，驯至于美大圣神，亦只从此一念存养扩充去耳。”

【注释】

①道家凝精修摄，久而精神状态入于特异之境界，谓之结圣胎。如宋修道者蓝方曰：“吾养圣胎已成。……”

【原文·19】

“日间工夫觉纷扰，则静坐；觉懒看书，则且看书：是亦因病而药。”

【原文·20】

“处朋友务相下则得益，相上则损。”

【原文·21】

孟源[1]有自是好名之病，先生屡责之。一日，警责方已，一友自陈日来工夫请正。源从旁曰：“此方是寻着源旧时家当。”

先生曰：“尔病又发！”

源色变，议拟欲有所辨。先生曰：“尔病又发！”因喻之曰：“此是汝一生大病根！譬如方丈地内，种此一大树，雨露之滋，土脉之力，只滋养得这个大根；四傍纵要种些嘉谷，上面被此树叶遮覆，下面被此树根盘结，如何生长得成？须用伐去此树，纤根勿留，方可种植嘉种。不然，任汝耕耘培壅，只是滋养得此根。”

【注释】

①孟源，字伯生，滁州人。

【原文·22】

问：“后世著述之多，恐亦有乱正学。”

先生曰：“人心天理浑然，圣贤笔之书，如写真传神，不过示人以形状大略，使之因此而讨求其真耳；其精神意气，言笑动止，固有所不能传也。后世著述，是又将圣人所画摹仿誊写，而妄自分析加增以逞其技，其失真愈远矣。”

【原文·23】

问：“圣人应变不穷，莫亦是预先讲求否？”

先生曰：“如何讲求得许多？圣人之心如明镜，只是一个明，则随感而应，无物不照；未有已往之形尚在，未照之形先具者。若后世所讲，却是如此，是以与圣人之学大背。周公制礼作乐以文天下，皆圣人所能为，尧、舜何不尽为之而待于周公？孔子删述《六经》以诏万世，亦圣人所能为，周公何不先为之而有待于孔子？是知圣人遇此时，方有此事。只怕镜不明，不怕物来不能照。

讲求事变，亦是照时事；然学者却须先有个明的工夫。学者惟患此心之未能明，不患事变之不能尽。”

曰：“然则所谓‘冲漠无朕，而万象森然已具’者，[①]其言何如？”

曰：“是说本自好，只不善看亦便有病痛。”

【注释】

①程颐语。意谓未有是事之先，已有是理也。

【原文·24】

“义理无定在，无穷尽，吾与子言，不可以少有所得，而遂谓止此也；再言之十年，二十年，五十年，未有止也。”他日又曰：“圣如尧、舜，然尧、舜之上善无尽；恶如桀、纣，然桀、纣之下恶无尽。使桀、纣未死，恶宁止此乎？使善有尽时，文王何以‘望道而未之见’？”[①]

【注释】

①孟子语，见《孟子·离娄篇》。而，古通“如”。

【原文·25】

问：“静时亦觉意思好，才遇事便不同，如何？”

先生曰：“是徒知静养，而不用克己工夫也。如此，临事便要倾倒。人须在事上磨，方立得住，方能静亦定，动亦定。”

【原文·26】

问上达工夫。①

先生曰：“后儒教人，才涉精微，便谓上达未当学，且说下学；是分下学、上达为二也。夫目可得见，耳可得闻，口可得言，心可得思者，皆下学也；目不可得见，耳不可得闻，口不可得言，心不可得思者，上达也。如木之栽培灌溉，是下学也；至于日夜之所息，条达畅茂，乃是上达，人安能预其力哉！故凡可用功、可告语者，皆下学，上达只在下学里。凡圣人所说，虽极精微，俱是下学。学者只从下学里用功，自然上达去，不必别寻个上达的工夫。”

【注释】

①《论语·宪问篇》云：“子曰：‘莫我知也夫！’子贡曰：‘何为其莫知子也？’子曰：‘不怨天，不尤人，下学而上达，知我者其天乎！’”下学，言修持于人事之常；上达，言至极于精微之理也。

【原文·27】

“持志如心痛，一心在痛上，岂有工夫说闲话、管闲事！”

【原文·28】

问："'惟精''惟一'是如何用功？"

先生曰："'惟一'是'惟精'主意，'惟精'是'惟一'功夫；非'惟精'之外，复有'惟一'也。精字从米，姑以米譬之。要得此米纯然洁白，便是'惟一'意；然非加舂簸筛拣'惟精'之工，则不能纯然洁白也。舂簸筛拣是'惟精'之功，然亦不过要此米到纯然洁白而已。博学、审问、慎思、明辨、笃行者，皆所以为'惟精'而求'惟一'也。他如'博文'者即'约礼'之功，'格物''致知'者即'诚意'之功，'道问学'即'尊德性'之功，'明善'即'诚身'之功，无二说也。"

【原文·29】

"知者行之始，行者知之成。圣学只一个功夫，知、行不可分作两事。"

【原文·30】

"漆雕开曰：'吾斯之未能信。'夫子说之。[①]子路使子羔为费宰。子曰：'贼夫人之子！'[②]曾点言志，夫子许之。[③]圣人之意可见矣。"

【注释】

①见《论语·公冶长篇》。漆雕开，孔子弟子。孔子使之仕，

开答之如此。说，读为“悦”。

②见《论语·先进篇》。子路臣季氏举子羔为季氏费邑宰，而孔子云尔。意谓子羔未熟习而使为政，适所以贼害之也。

③见《论语·先进篇》。孔子使子路、曾皙、冉有、公西华各言其志。曾皙言最后，曰：“暮春者，春服既成，冠者五六人，童子六七人，浴乎沂，风乎舞雩，咏而归。”孔子喟然叹曰：“吾与点也！”点，曾皙名。

【原文·31】

问：“宁静存心时，可为‘未发之中’否？”[①]

先生曰：“今人存心，只定得气。当其宁静时，亦只是气宁静，不可以为‘未发之中’。”

曰：“未便是中，莫亦是求中功夫？”

曰：“只要去人欲、存天理，方是功夫。静时念念去人欲、存天理，动时念念去人欲、存天理，不管宁静不宁静。若靠那宁静，不惟渐有喜静厌动之弊，中间许多病痛，只是潜伏在，终不能绝去，遇事依旧滋长。以循理为主，何尝不宁静；以宁静为主，未必能循理。”

【注释】

①《中庸》云：“喜、怒、哀、乐之未发谓之‘中’。”未发之中本此。

【原文·32】

问："孔门言志，由、求任政事，公西赤任礼乐，多少实用！[①] 及曾皙说来，却似耍的事，圣人却许他，是意何如？"

曰："三子是有意必，[②]有意必便偏着一边，能此未必能彼；曾点这意思却无意必，便是'素其位而行，不愿乎其外，素夷狄行乎夷狄，素患难行乎患难，无入而不自得'矣。三子所谓'汝器也'，[③]曾点便有'不器'意。[④]然三子之才各卓然成章，非若世之空言无实者，故夫子亦皆许之。"

【注释】

①由，子路名。其言曰："千乘之国，摄乎大国之间，加之以师旅，因之以饥馑，由也为之，比及三年，可使有勇且知方也。"孔子哂之。求，冉有名。其言曰："方六七十如五六十，求也为之，比及三年，可使足民；如其礼乐，以俟君子。"赤，公西华名。其言曰："非曰能之，愿学焉：宗庙之事，如会同，端章甫，愿为小相焉。"

②《论语·子罕篇》云："子绝四：毋意，毋必，毋固，毋我。"意，私意也。必，期必也。

③语见《论语·公冶长篇》。子贡以己为问，孔子答之如此，谓是有用之成材也。

④孔子曰："君子不器。"见《论语·为政篇》。言体无不具，用无不周，不以一器名也。

【原文 · 33】

问："知识不长进，如何？"

先生曰："为学须有本原，须从本原上用力，渐渐盈科而进。仙家说婴儿，亦善譬。婴儿在母腹时，只是纯气，有何知识；出胎后，方始能啼，既而后能笑，又既而后能识认其父母兄弟，又既而后能立、能行、能持、能负，卒乃天下之事无不可能：皆是精气日足，则筋力日强，聪明日开，不是出胎日便讲求推寻得来。故须有个本原。圣人到'位天地、育万物'，①也只从'喜怒哀乐未发之中'上养来。后儒不明格物之说，见圣人无不知、无不能，便欲于初下手时讲求得尽，岂有此理！"又曰："立志用功如种树然，方其根芽，犹未有干，及其有干，尚未有枝，枝而后叶，叶而后花、实。初种根时，只管栽培灌溉，勿作枝想，勿作叶想，勿作花想，勿作实想——悬想何益！但不忘栽培之功，怕没有枝叶花实！"

【注释】

①《中庸》云："致中、和，天地位焉，万物育焉。"位，安其所也。育，遂其生也。

【原文 · 34】

问："看书不能明，如何？"

先生曰："此只是在文义上穿求，故不明。如此，又不如为旧时学问。他到看得多，解得去。只是他为学虽极解得明晓，亦终身无得；须于心体上用功。凡明不得，行不去，须反在自心上体当，即可通。盖《四书》《五经》不过说这心体，这心体即所谓道，心体明即是道明，更无二。此是为学头脑处。”

【原文·35】

“虚灵不昧，[1]众理具而万事出。心外无理，心外无事。”

【注释】

①言心也。

【原文·36】

或问：“晦庵先生曰：‘人之所以为学者，心与理而已。’此语如何？”

曰：“心即性，性即理，下一‘与’字，恐未免为二。此在学者善观之。”

【原文·37】

或曰：“人皆有是心，心即理，何以有为善，有为不善？”

先生曰：“恶人之心，失其本体。”

【原文·38】

问："'析之有以极其精而不乱，然后合之有以尽其大而无余'，[①]此言如何？"

先生曰："恐亦未尽。此理岂容分析！又何须凑合得！圣人说'精一'自是尽。"

【注释】

①朱熹《大学·或问》有曰："析之极精不乱，说条目工夫，然后合之尽大无余，说明明德于天下。"

【原文·39】

"省察是有事时存养，存养是无事时省察。"

【原文·40】

澄尝问象山在人情事变上做工夫之说。[①]

先生曰："除了人情事变，则无事矣。喜、怒、哀、乐，非人情乎？自视、听、言、动以至富贵、贫贱、患难、死生，皆事变也。事变亦只在人情里，其要只在'致中和'，'致中和'只在'谨独'。[②]"

【注释】

①人情事变，通常皆以为在外之事物。象山主向内工夫，惟求修养此心，而亦有向外之说，故陆澄疑而发问也。

②即为“慎独”，言虽在幽独之中，亦复致慎，无荒懈也。

【原文·41】

澄问：“仁、义、礼、智之名，因已发而有？”

曰：“然。”

他日，澄曰：“恻隐、羞恶、辞让、是非，是性之表德邪？”[①]

曰：“仁、义、礼、智也是表德。性一而已，自其形体也谓之天，主宰也谓之帝，流行也谓之命，赋于人也谓之性，主于身也谓之心。心之发也，遇父便谓之孝，遇君便谓之忠，自此以往，名至于无穷，只一性而已；犹人一而已，对父谓之子，对子谓之父，自此以往，至于无穷，只一人而已。人只要在性上用功，看得一性字分明，即万理灿然。”

【注释】

①《孟子·公孙丑篇》云：“孟子曰：‘……恻隐之心，仁之端也；羞恶之心，义之端也；辞让之心，礼之端也；是非之心，智之端也。’”

【原文·42】

一日论为学工夫。先生曰：“教人为学，不可执一偏。初学时心猿意马，拴缚不定，其所思虑，多是‘人欲’一边，故且教之静坐息思虑。久之，俟其心意稍定，只悬空静守，如槁木死灰，亦无用，须教他省察克治。省察克治之功则无时而可间，如去盗贼，须有个扫除廓清之意。无事时将好色好货好名等私逐一追究搜寻出来，定要拔去病根，永不复起，方始为快；常如猫之捕鼠，一眼看着，一耳听着，才有一念萌动，即与克去，斩钉截铁，不可姑容，与他方便，不可窝藏，不可放他出路：方是真实用功，方能扫除廓清。到得无私可克，自有端拱时在。虽曰'何思何虑'，非初学时事。[①]初学必须思省察克治，即是思诚只思一个天理，到得天理纯全，便是'何思何虑'矣。"

【注释】

①《易·系辞传》云："子曰：'天下何思何虑！天下同归而殊途，一致而百虑。天下何思何虑！'"言心通于道，则不假思虑也。

【原文·43】

澄问："有人夜怕鬼者，奈何？"

先生曰："只是平日不能'集义[①]'，而心有所慊，故怕。若素行合于神明，何怕之有！"

子莘[②]曰："正直之鬼，不须怕；恐邪鬼不管人善恶，故未免怕。"

先生曰："岂有邪鬼能迷正人乎！只此一怕，即是心邪，故有迷之者，非鬼迷也，心自迷耳：如人好色，即是色鬼迷；好货，即是货鬼迷；怒所不当怒，是怒鬼迷；惧所不当惧，是惧鬼迷也。"

【注释】

①语出《孟子》。《公孙丑篇》云："是集义所生者，非义

袭而取之也。”集义，言事事皆合于义也。

②子莘，马明衡，莆田人。正德进士，世宗时官御史。后得罪废弃。闽中有王氏学，自明衡始。所著有《尚书疑义》。

【原文·44】

“定者，心之本体，天理也。动静，所遇之时也。”

【原文·45】

澄问《学》《庸》同异。

先生曰：“子思括《大学》一书之义，为《中庸》首章。”

【原文·46】

问：“孔子正名，先儒说上告天子，下告方伯，废辄立郢，[①]此意如何？”

先生曰：“恐难如此。岂有一人致敬尽礼，待我而为政，我就先去废他，岂人情天理！孔子既肯与辄为政，必已是他能倾心委国而听。圣人盛德至诚，必已感化卫辄，使知无父之不可以为人，必将痛哭奔走，往迎其父。父子之爱，本于天性，辄能悔痛真切如此，蒯聩岂不感动底豫。蒯聩既还，辄乃致国请戮。聩已见化于子，又有夫子至诚调和其间，当亦决不肯受，仍以命辄。群臣百姓又必欲得辄为君。辄乃自暴其罪恶，请于天子，告于方伯诸侯，而必欲致国于父。聩与群臣百姓亦皆表辄悔悟仁孝之美，请于天子，告于方伯诸侯，必欲得辄而为之君。于是集命于辄，使之复君卫国。辄不得已，乃如后世上皇故事，率群臣百姓尊聩为太公，备物致养，而始退复其位焉。则君君、臣臣，父父、子子，名正言顺，一举而可为政于天下矣。孔子正名，或是如此。”

【注释】

①《论语·子路篇》云：“子路曰：‘卫君待子而为政，子将奚先？’子曰：‘必也正名乎！’”胡瑗曰：“卫世子蒯聩耻其母南子之淫乱，欲杀之，不果而出奔。灵公欲立公子郢，郢辞。公卒，夫人立之，又辞。乃立蒯聩之子辄以拒蒯聩。夫蒯聩欲杀母，得罪于父，而辄据国以拒父，皆无父之人也，其不可有国也，明矣。夫子为政，而以正名为先，必将具其事之本末，告诸天王，请于方伯，命公子郢而立之：则人伦正，天理得，名正言顺而事成矣。”此盖揣测“正名”之说如此也。

【原文·47】

澄在鸿胪寺仓居，[①]忽家信至，言儿病危，澄心甚忧闷，不能堪。

先生曰：“此时正宜用功，若此时放过，闲时讲学何用！人正要在此等时磨炼。父之爱子，自是至情，然天理亦自有个中和处，过即是私意。人于此处多认做天理当忧，则一向忧苦，不知已是‘有所忧患不得其正’。[②]大抵七情所感，多只是过，少不及者。才过，便非心之本体，必须调停适中始得。就如父母之丧，人子岂不欲一哭便死，方快于心；然却曰‘毁不灭性[3]’，非圣人强制之也，天理本体自有分限，不可过也。人但要识得心体，自然增减分毫不得。”

【注释】

①鸿胪寺，掌赞导相礼之官也。仓，言衙舍也。

②语出《大学》。

③见《礼记·丧服·四制》，言哀毁而不伤生也。

【原文·48】

“不可谓‘未发之中’常人俱有。盖体用一源，有是体即有是用。有‘未发之中’，即有‘发而皆中节之和’。[1]今人未能有‘发而皆中节之和’，须知是他‘未发之中’亦未能全得。”

【注释】

①《中庸》云：“喜、怒、哀、乐之未发谓之‘中’，发而皆中节谓之‘和’。”此处语本此。

【原文·49】

“《易》之辞是‘初九潜龙勿用’六字，《易》之象是初画，《易》之变是值其画，《易》之占是用其辞。[1]”

【注释】

①辞，《易》爻、卦之辞也。“初九潜龙勿用”，《易·乾卦》

爻辞。初，初画也。九，阳数，《乾》之初画为阳也。潜龙勿用，内敛而不外展之意也。象，取于事以为象征也。变，变化也。值其画，言各爻当其画而成变化也。占，占吉凶也。用其辞，言就爻、卦之辞所称，以知吉凶，所谓“玩其辞”也。

【原文·50】

“‘夜气’是就常人说。①学者能用功，则日间有事无事，皆是此气翕聚发生处。圣人则不消说‘夜气’。”

【注释】

①《孟子·告子篇》，孟子既以牛山固生木喻人性本善，以斧斤伐之、牛羊害之喻本性放失，续云：“虽存乎人者，岂无仁义之心哉？其所以放其良心者，亦犹斧斤之于木也，旦旦而伐之，可以为美乎！其日夜之所息，平旦之气，其好恶与人相近也者几稀；则其旦画之所为，有梏亡之矣。梏之反覆，则其夜气不足以存；夜气不足以存，则其违禽兽不远矣。”夜气，言未与物接时一种清明之气也。

【原文·51】

澄问操存舍亡章。①

曰：“‘出入无时，莫知其乡’，此虽就常人心说，学者亦须是知得心之本体亦元是如此，则操存功夫始没病痛；不可便谓出为亡，入为存。若论本体，元是无出无入的；若论出入，则其思虑运用是出；然主宰常昭昭在此，何出之有？既无所出，何入之有？程子所谓‘腔子’，[②]亦只是天理而已。虽终日应酬而不出天理，即是在腔子里。若出天理，斯谓之放，斯谓之亡。”又曰：“出入亦只是动静，动静无端，岂有乡邪！”

【注释】

①上注所录《孟子》一章之末引孔子云：“操则存，舍则亡，出入无时，莫知其乡，惟心之谓与。”操，持守之也。舍，放纵之也。乡，犹处也。出入无时，莫知其乡，言存亡之机甚微也。

②其语为“心要在腔子里”。意即孟子所称“放心”之反，要此心常存而不放失也。

【原文 · 52】

王嘉秀[①]问：“佛以出离生死诱人入道，仙以长生久视诱人入道，其心亦不是要人做不好；究其极至，亦是见得圣人上一截。然非入道正路；如今仕者，有由科，有由贡，有由传奉，[②]一般做到大官，毕竟非入仕正路，君子不由也。仙、佛到极处，与儒者略同，但有了上一截，遗了下一截，终不似圣人之全。然其上一截同者，不可诬也。后世儒者，又只得圣人下一截，分裂失真，流而为记诵、词章、功利、训诂，亦卒不免为异端。是四家者，终身劳苦，于身心无分毫益，视彼仙、佛之徒，清心寡欲，超然于世累之外者，反若有所不及矣。今学者不必先排仙、佛，且当笃志为圣人之学。圣人之学明，则仙、佛自泯；不然，则此之所学，恐彼或有不屑，而反欲其俯就，不亦难乎！鄙见如此，先生以为何如？”

先生曰：“所论大略亦是。但谓上一截、下一截，亦是人见偏了如此；若论圣人大中至正之道，彻上彻下，只是一贯，更有甚上一截、下一截！‘一阴一阳之谓道’，但‘仁者见之便谓之仁，知者见之便谓之智，百姓又日用而不知，故君子之道鲜矣’。[③]仁、智岂可不谓之道，但见得偏了，便有弊病。”

【注释】

①王嘉秀，字实夫。好谈仙、佛。守仁尝警之，谓“二氏之学，其妙与圣人只有毫厘之间，故不易辨，惟笃志圣学者始能究析其隐微。”

②科，分科目取士也。贡，荐举学行优良之生员，使之入仕也。传奉，言铨选不由吏部，夤缘内臣受官者也。

③语出《易·系辞传》。鲜，尽也。

【原文·53】

“蓍固是《易》，龟亦是《易》。”

【原文·54】

问：“孔子谓武王未尽善，[①]恐亦有不满意？”

先生曰：“在武王自合如此。”

曰："使文王未没，毕竟如何？"

曰："文王在时，天下三分已有其二；若到武王伐商之时，文王若在，或者不致兴兵，必然这一分亦来归了。文王只善处纣，使不得纵恶而已。"

【注释】

①《论语·八佾篇》云："子谓《韶》尽美矣，又尽善也。谓《武》尽美矣，未尽善也。"韶，舜之乐。武，武王乐也。

【原文·55】

问孟子言执中无权犹执一。①

先生曰："中只是天理，只是易，随时变易，如何执得？须是因时制宜，难预先定一个规矩在。如后世儒者，要将道理一一说得无罅漏，立定个格式，此正是执一。"

【注释】

①《孟子·尽心篇》云："孟子曰：'杨子取为我，拔一毛而利天下，不为也。墨子兼爱，摩顶放踵利天下，为之。子莫执中。——执中为近之；执中无权，犹执一也。所恶执一者，为其贼道也，举一而废百也。'"

【原文 · 56】

唐诩问："立志是常存个善念，要为善去恶否？"

曰："善念存时，即是天理。此念即善，更思何善？此念非恶，更去何恶？此念如树之根芽，立志者，长立此善念而已。'从心所欲不逾矩'，[①]只是志到熟处。"

【注释】

①孔子自言进德之序，至七十而臻此境界。见《论语·为政篇》。

【原文 · 57】

"精神、道德、言动，大率收敛为主，发散是不得已：天地人物皆然。"

【原文 · 58】

问："文中子是如何人？"

先生曰："文中子庶几'具体而微'，[①]惜其早死。"

问："如何却有续经之非？"

曰："续经亦未可尽非。"

请问。

良久曰："更觉良工心独苦[②]。"

【注释】

①《孟子·公孙丑篇》，公孙丑问孟子："昔者窃闻之，子夏、子游、子张皆有圣人之一体，冉牛、闵子、颜渊则具体而微，敢问所安？"具体而微，言有圣人之全体，但未扩大耳。

②杜甫诗句。

【原文·59】

"许鲁斋谓儒者以治生为先之说亦误人。[①]"

【注释】

①许鲁斋，名衡，字仲平，元河内人。幼有异质，稍长，嗜学如饥渴。及读程朱书，益大有得。善教人，贵贱贤不肖皆乐从之。学者称鲁斋先生。有《读易私言》，《鲁斋心法》，《鲁斋遗书》。尝曰："学者治生最为先务。苟生理不足，则于为学之道有所妨。彼旁求妄进，及作官谋利者，殆亦窘于生理所致。士君子当以务农为生，商贾虽逐末，果处之不失义理，或以姑济一时，亦无不可。"

【原文·60】

问仙家元气、元神、元精。

先生曰："只是一件，流行为气，凝聚为精，妙用为神。"

【原文·61】

“喜、怒、哀、乐本体自是中和的；才自家着些意思，便过不及，便是私。”

【原文·62】

问哭则不歌。[①]

先生曰：“圣人心体自然如此。”

【注释】

①《论语·述而篇》记孔子性习云：“子于是日哭则不歌。”

【原文·63】

“克己须要扫除廓清，一毫不存，方是；有一毫在，则众恶相引而来。”

【原文·64】

问《律吕新书》。[①]

先生曰：“学者当务为急，算得此数熟亦恐未有用，必须心中先具礼、乐之本，方可。且如其书说多用管以候气，然至冬至那一刻时，管灰之飞或有先后，[2]须臾之间，焉知那管正值冬至之刻，须自心中先晓得冬至之刻始得，此便有不通处。学者须先从礼、乐本原上用功。”

【注释】

①《律吕新书》，宋蔡元定撰。元定为朱熹弟子，熹称其理会乐律，推许甚至。《四库总目》据熹本书序文语气，疑师弟相与共成之。

②古者以葭莩之灰实于律管，以占气候。如冬至节，律中黄钟之宫，则黄钟管之葭灰飞动。

【原文·65】

曰仁云：“心犹镜也，圣人心如明镜，常人心如昏镜。近世‘格物’之说，如以镜照物，照上用功，不知镜尚昏在，何能照！先生之‘格物’，如磨镜而使之明，磨上用功，明了后亦未尝废照。”

【原文·66】

问道之精粗。

先生曰：“道无精粗，人之所见有精粗；如这一间房，人初进来，只见一个大规模如此，处久，便柱壁之类，一一看得明白，再久，如柱上有些文藻，细细都看出来，然只是一间房。”

【原文·67】

先生曰：“诸公近见时少疑问，何也？人不用功，莫不自以为已知为学，只循而行之是矣。殊不知私欲日生，如地上尘，一日不扫便又有一层。着实用功，便见道无终穷，愈探愈深，必使精白无一毫不彻方可。”

【原文·68】

问：“知至然后可以言诚意，今天理、人欲知之未尽，如何用得克己工夫？”

先生曰：“人若真实切己用功不已，则于此心天理之精微，日见一日，私欲之细微，亦日见一日；若不用克己工夫，终日只是说话而已，天理终不自见，私欲亦终不自见；如人走路一般，走得一段方认得一段，走到歧路处，有疑便问，问了又走，方渐能到得欲到之处。今人于已知之天理不肯存已知之人欲不肯去，且只管愁不能尽知，只管闲讲，何益之有？且待克得自己无私可克，方愁不能尽知，亦未迟在。”

【原文·69】

问：“道一而已，古人论道，往往不同，求之亦有要乎？”

先生曰：“道无方体，不可执著；欲拘滞于文义上求道，远矣。如今人只说天，其实何尝见天！谓日、月、风、雷即天，不可；谓人、物、草、木不是天，亦不可。道即是天。若识得时，何莫而非道。

人但各以其一隅之见，认定以为道止如此，所以不同。若解向里寻求，见得自己心体，即无时无处不是此道，亘古亘今，无终无始，更有甚同异。心即道，道即天，知心则知道、知天。”又曰：“诸君要实见此道，须从自己心上体认，不假外求，始得。”

【原文·70】

问：“名物度数亦须先讲求否？”

先生曰：“人只要成就自家心体，则用在其中。如养得心体，果有‘未发之中’，自然有‘发而中节之和’，自然无施不可。苟无是心，虽预先讲得世上许多名物度数，与己原不相干，只是装缀，临时自行不去。亦不是将名物度数全然不理，只要‘知所先后则近道[①]’。”又曰：“人要随才成就。才是其所能为，如夔之乐，稷之种，是他资性合下便如此；成就之者，亦只是要他心体纯乎天理，其运用处皆从天理上发来，然后谓之才。到得纯乎天理处，亦能‘不器’，使夔、稷易艺而为，当亦能之。”又曰：“如‘素富贵行乎富贵，素患难行乎患难’，皆是‘不器’。此惟养得心体正者能之。”

【注释】

①语出《大学》。“物有本末，事有终始，知所先后，则近道矣。”

【原文 · 71】

“与其为数顷无源之塘水，不若为数尺有源之井水，生意不穷。”时先生在塘边坐，傍有井，故以之喻学云。

【原文 · 72】

问：“世道日降，太古时气象如何复见得？”

先生曰：“一日便是一元。①人平旦时起坐，未与物接，此心清明景象，便如在伏羲时游一般。”

【注释】

①十二万九千六百年为一元。

【原文 · 73】

问：“心要逐物，如何则可？”

先生曰：“人君端拱清穆，六卿分职，天下乃治；心统五官，亦要如此。今眼要视时，心便逐在色上，耳要听时，心便逐在声上；如人君要选官时，便自去坐在吏部，要调军时，便自去坐在兵部，如此，岂惟失却君体，六卿亦皆不得其职。”

【原文·74】

“善念发而知之，而充之，恶念发而知之，而遏之。知与充与遏者，志也，天聪明也。圣人只有此，学者当存此。”

【原文·75】

澄曰：“好色、好利、好名等心，固是私欲，如闲思杂虑，如何亦谓之私欲？”

先生曰：“毕竟从好色、好利、好名等根上起，自寻其根便见。如汝心中决知是无有做劫盗的思虑，何也？以汝元无是心也。汝若于货、色、名、利等心，一切皆如不做劫盗之心一般，都消灭了，光光只是心之本体，看有甚闲思虑？此便是寂然不动，便是‘未发之中’，便是廓然大公；自然感而遂通，自然发而中节，自然物来顺应。”

【原文·76】

问志至气次。①

先生曰：“志之所至，气亦至焉之谓，非极至、次贰之谓。‘持其志’，则养气在其中；‘无暴其气’，则亦持其志矣。孟子救告子之偏，故如此夹持说。”

【注释】

①《孟子·公孙丑篇》。孟子告公孙丑云：“夫志，气之帅也；

气，体之充也。夫志至焉，气次焉，故曰，持其志，无暴其气。”

【原文·77】

问：“先儒曰：‘圣人之道，必降而自卑。贤人之言，则引而自高。’[①]如何？”

先生曰：“不然。如此却乃伪也。圣人如天，无往而非天，三光之上天也，九地之下亦天也，天何尝有降而自卑！此所谓大而化之也。贤人如山岳，守其高而已。然百仞者不能引而为千仞，千仞者不能引而为万仞，是贤人未尝引而自高也，引而自高则伪矣。”

【注释】

①降而自卑，言勉自损下以就庸众也。引而自高，言勉自升起以企上圣也。

【原文·78】

问：“伊川谓‘不当于喜怒哀乐未发之前求中’，延平却教学者看未发之前气象，[①]何如？”

先生曰：“皆是也。伊川恐人于未发前讨个中，把中做一物看，如吾向所谓认气定时做中，故令只于涵养省察上用功。延平恐人未便有下手处，故令人时时刻刻求未发前气象，使人正目而视惟此，倾耳而听惟此，即是‘戒慎不睹，恐惧不闻’的工夫。[②]皆古人不得已诱人之言也。”

【注释】

①苏昞问："喜怒哀乐未发之前求中，可否？"程颐曰："不可。既思于喜怒哀乐未发之前求之，又却是思也，既思即是已发。才发便谓之和，不可谓之中也。"延平，宋李侗，字愿中，南剑人。从学罗从彦，为所称许。退而结茅山田，谢绝世故，饮食或不充，怡然自得。其始学也，默坐澄心，以验夫喜怒哀乐未发之前气象为何如。久之而知天下之大本，真在乎是也。有《延平问答》及《语录》。

②《中庸》云："道也者，不可须臾离也，可离，非道也。是故君子戒慎乎其所不睹，恐惧乎其所不闻。"此处语本之。

【原文·79】

澄问："喜、怒、哀、乐之中、和，其全体常人固不能有，如一件小事当喜、怒者，平时无有喜、怒之心，至其临时，亦能中节，亦可谓之中、和乎？"

先生曰："在一时一事，固亦可谓之中、和；然未可谓之大本、达道。人性皆善，中、和是人人原有的，岂可谓无？但常人之心既有所昏蔽，则其本体虽亦时时发见，终是暂明暂灭，非其全体大用矣。无所不中，然后谓之大本；无所不和，然后谓之达道。惟天下之至诚，然后能立天下之大本。"

曰："澄于中字之义尚未明。"

曰："此须自心体认出来，非言语所能喻。中只是天理。"

曰："何者为天理？"

曰："去得人欲，便识天理。"

曰："天理何以谓之中？"

曰："无所偏倚。"

曰："无所偏倚是何等气象？"

曰："如明镜然，全体莹彻，略无纤尘染著。"

曰："偏倚是有所染著，如著在好色、好利、好名等项上，方见得偏倚；若未发时，美色、名、利皆未相著，何以便知其有所偏倚？"

曰："虽未相著，然平日好色、好利、好名之心原未尝无，既未尝无，即谓之有，既谓之有，则亦不可谓无偏倚；譬之病疟之人，虽有时不发，而病根原不曾除，则亦不得谓之无病之人矣。须是平日好色、好利、好名等项一应私心扫除荡涤，无复纤毫留滞，而此心全体廓然，纯是天理，方可谓之喜、怒、哀、乐未发之中，方是天下之大本。"

【原文·80】

问："颜子没而圣学亡，[①]此语不能无疑。"

先生曰："见圣道之全者惟颜子，观喟然一叹可见。[②]其谓'夫子循循然善诱人，博我以文，约我以礼'，是见破后如此说。博文、约礼如何是善诱人，学者须思之。道之全体，圣人亦难以语人，须是学者自修自悟。颜子'虽欲从之，末由也已'，即文王'望道未见'意。[③]望道未见，乃是真见。颜子没而圣学之正派遂不尽传矣。"

【注释】

①语为守仁别湛甘泉序之首句；唯原文为"圣人之学亡"。

②颜渊赞叹孔子之道，见《论语·子罕篇》。“颜渊喟然叹曰：‘仰之弥高，钻之弥坚，瞻之在前，忽焉在后。夫子循循然善诱人，博我以文，约我以礼。欲罢不能；既竭吾才，如有所立，卓尔。虽欲从之，末由也已。’”

③本孟子语，见《孟子·离娄篇》。“文王视民如伤，望道而未之见。”而，古通“如”。望道如未见，言终不自足也。

【原文·81】

问：“身之主为心，心之灵明是知，知之发动是意，意之所著为物，是如此否？”

先生曰：“亦是。”

【原文·82】

“只存得此心常见在便是学。过去未来事，思之何益！徒放心耳。”

【原文·83】

“言语无序，亦足以见心之不存。”

【原文·84】

尚谦[①]问孟子之不动心与告子异。

先生曰："告子是硬把捉著此心，要他不动；孟子却是集义到自然不动。"又曰："心之本体，原自不动。心之本体即是性，性即是理，性元不动，理元不动。集义是复其心之本体。"

【注释】

①尚谦，薛侃字，揭阳人。正德进士。性至孝，以侍养归。与兄俊率子侄宗铠等师事阳明，因是王氏学盛行于岭南。门人记所闻曰《研几录》。孟子之不动心与告子异，见《孟子·公孙丑篇》公孙丑与孟子之问答。

【原文·85】

"万象森然时，亦冲漠无朕，冲漠无朕即万象森然。冲漠无朕者，'一'之父；万象森然者，'精'之母。'一'中有'精'，'精'中有'一'。"

【原文·86】

"心外无物；如吾心发一念孝亲，即孝亲便是物。"

【原文 · 87】

先生曰："今为吾所谓'格物'之学者，尚多流于口耳，况为口耳之学者，能反于此乎！天理、人欲，其精微必时时用力省察克治，方日渐有见。如今一说话之间，虽只讲天理，不知心中倏忽之间，已有多少私欲；盖有窃发而不知者，虽用力察之尚不易见，况徒口讲而可得尽知乎！今只管讲天理来顿放著不循，讲人欲来顿放著不去，岂'格物''致知'之学！后世之学，其极至只做得个'义袭而取'的功夫。[①]"

【注释】

①语出《孟子》。《公孙丑篇》云："是集义所生者，非义袭而取之也。"袭，掩取也。言行事偶合于义，便掩袭于外而得之也。

【原文 · 88】

问格物。

先生曰："格者，正也，正其不正以归于正也。"

【原文 · 89】

问："'知止'者，知至善只在吾心，元不在外也，而后志定。"

曰："然。"

【原文·90】

问："'格物'于动处用功否？"

先生曰："'格物'无间动、静，静亦物也。孟子谓'必有事焉①'，是动、静皆有事。"

【注释】

①语见《孟子·公孙丑篇》。

【原文·91】

"工夫难处全在'格物''致知'上。此即'诚意'之事。意既诚，大段心亦自正，身亦自修。但'正心''修身'工夫亦各有用力处。'修身'是已发边，'正心'是未发边。心正则中，身修则和。"

【原文·92】

"自'格物''致知'至'平天下'，只是一个'明明德'，虽'亲民'亦'明德'事也。'明德'是此心之德，即是仁。仁者以天地万物为一体，使有一物失所，便是吾仁有未尽处。"

【原文·93】

“只说‘明明德’而不说‘亲民’，便似老、佛。”

【原文·94】

“至善者，性也；性元无一毫之恶，故曰至善。止之，是复其本然而已。”

【原文·95】

问：“知至善即吾性，吾性具吾心，吾心乃至善所止之地，则不为向时之纷然外求而志定矣；定则不扰扰而静；静而不妄动则安；安则一心一意只在此处，千思万想，务求必得此至善，是能虑而得矣。如此说是否？[①]”

先生曰：“大略亦是。”

【注释】

①《大学》云：“知止而后有定；定而后能静；静而后能安；安而后能虑；虑而后能得。”此问盖解释之也。

【原文·96】

问：“程子云：‘仁者以天地万物为一体。[①]’何墨氏兼爱，反不得谓之仁？”

先生曰：“此亦甚难言，须是诸君自体认出来始得。仁是造化生生不息之理，虽弥漫周遍，无处不是，然其流行发生，亦只有个渐，所以生生不息。如冬至一阳生，必自一阳生而后渐渐至于六阳；若无一阳之生，岂有六阳。阴亦然。惟其渐，所以便有个发端处；惟其有个发端处，所以生；惟其生，所以不息。譬之木，其始抽芽，便是木之生意发端处；抽芽然后发干，发干然后生枝生叶，然后是生生不息。若无芽，何以有干有枝叶？能抽芽，必是下面有个根在；有根方生，无根便死。无根何从抽芽？父子、兄弟之爱，便是人心生意发端处，如木之抽芽；自此而仁民，而爱物，便是发干生枝生叶。墨氏兼爱无差等，将自家父子、兄弟与途人一般看便自没了发端处；不抽芽便知得他无根，便不是生生不息，安得谓之仁！孝弟为仁之本，却是仁理从里面发生出来。”

【注释】

①程颢语，见《二程全书》卷二。

【原文·97】

问：“延平云：‘当理而无私心。’当理与无私心，如何分别？”

先生曰：“心即理也，无私心即是当理，未当理便是私心。若析心与理言之，恐亦未善。”

又问：“释氏于世间一切情欲之私，都不染著，似无私心；但外弃人伦，却似未当理。”

曰：“亦只是一统事，都只是成就他一个私己的心。”

薛侃录

【原文·98】

侃问:“持志如心痛,一心在痛上,安有工夫说闲话,管闲事!”

先生曰:“初学工夫如此用亦好;但要使知‘出入无时,莫知其乡’。心之神明原是如此,工夫方有著落;若只死死守著,恐于工夫上又发病。”

【原文·99】

侃问:“专涵养而不务讲求,将认欲作理,则如之何?”

先生曰:“人须是知学;讲求亦只是涵养,不讲求只是涵养之志不切。”

曰:“何谓知学?”

曰:“且道为何而学?学个甚?”

曰:“尝闻先生教,学是学存天理;心之本体即是天理,体认天理,只要自心地无私意。”

曰："如此则只须克去私意便是，又愁甚理欲不明？"

曰："正恐这些私意认不真。"

曰："总是志未切；志切，目视、耳听皆在此，安有认不真的道理！是非之心，人皆有之，不假外求；讲求亦只是体当自心所见，不成去心外别有个见。"

【原文·100】

先生问在坐之友："比来工夫何似？"

一友举虚明意思。先生曰："此是说光景。"一友叙今昔异同。先生曰："此是说效验。"

二友惘然请是。

先生曰："吾辈今日用功，只是要为善之心真切。此心真切，见善即迁，有过即改，方是真切工夫。如此，则人欲日消，天理日明。若只管求光景，说效验，却是助长外驰病痛，不是工夫。"

【原文·101】

朋友观书，多有摘议晦庵者。先生曰："是有心求异，即不是。吾说与晦庵时有不同者，为入门下手处有毫厘千里之分，不得不辩；然吾之心与晦庵之心未尝异也。若其余文义解得明当处，如何动得一字！"

【原文·102】

希渊[1]问："圣人可学而至，然伯夷、伊尹于孔子才力终不同，其同谓之圣者安在？"

先生曰："圣人之所以为圣，只是其心纯乎天理而无人欲之杂；犹精金之所以为精，但以其成色足而无铜铅之杂也。人到纯乎天理方是圣，金到足色方是精。然圣人之才力，亦有大小不同；犹金之分两有轻重。尧、舜犹万镒，文王、孔子犹九千镒，禹、汤、武王犹七八千镒，伯夷、伊尹犹四五千镒。才力不同，而纯乎天理则同，皆可谓之圣人；犹分两虽不同，而足色则同，皆可谓之精金。以五千镒者而入于万镒之中，其足色同也；以夷、尹而厕之尧、孔之间，其纯乎天理同也。盖所以为精金者，在足色，而不在分两，所以为圣者，在纯乎天理，而不在才力也。故虽凡人，而肯为学，使此心纯乎天理，则亦可为圣人；犹一两之金，比之万镒，分两虽悬绝，而其到足色处，可以无愧。故曰'人皆可以为尧、舜'者以此。[2]学者学圣人，不过是去人欲而存天理耳。犹炼金而求其足色，金之成色所争不多，则煅炼之工省而功易成，成色愈下，则煅炼愈难。人之气质清浊粹驳，有中人以上、中人以下，其于道有生知安行、学知利行，其下者必须人一己百、人十己千，及其成功则一。后世不知作圣之本是纯乎天理，却专去知识、才能上求圣人，以为圣人无所不知，无所不能，我须是将圣人许多知识、才能逐一理会始得；故不务去天理上著工夫，徒弊精竭力，从册子上钻研，名物上考索，形迹上比拟；知识愈广而人欲愈滋，才力愈多而天理愈蔽：正如见人有万镒精金，不务煅炼成色，求无愧于彼之精纯，而乃妄希分两，务同彼之万镒，锡、铅、铜、铁杂然而投，分两愈增而成色愈下，既其梢末，无复有金矣。"

时曰仁在傍，曰："先生此喻，足以破世儒支离之惑，大有功于后学。”

先生又曰：“吾辈用功，只求日减，不求日增。减得一分人欲，便是复得一分天理，何等轻快脱洒，何等简易！”

【注释】

①希渊，蔡宗兖字，山阴人。正德进士。以教授奉母，孤介不为当道所喜，辄思弃去。守仁以为伤于急迫，乃止。有《蔡氏律同》。

②《孟子·告子篇》云：“曹交问曰：‘人皆可以为尧、舜有诸？’孟子曰：‘然。’”此或古语，或孟子所尝言也。

【原文·103】

士德[1]问曰：“‘格物’之说，如先生所教，明白简易，人人见得；文公聪明绝世，于此反有未审，何也？”

先生曰：“文公精神气魄大，是他早年合下便要继往开来，故一向只就考索著述上用功；若先切己自修，自然不暇及此；到得德盛后，果忧道之不明。如孔子退修六籍，删繁就简，开示来学，亦大段不费甚考索。文公早岁便著许多书，晚年方悔，是倒做了。”

士德曰：“晚年之悔，如谓‘向来定本之悟’，[2]又谓‘虽读得书，何益于吾事’，[3]又谓‘此与守书籍，泥言语，全无交涉’，[4]是他到此方悔从前用功之错，方去切己自修矣。”

曰：“然。此是文公不可及处。他力量大，一悔便转；可惜不久即去世，平日许多错处，皆不及改正。”

【注释】

①士德，杨骥，潮州人。与兄士鸣，皆为粤中王门诸子之贤者。

②答黄直卿书中语。定本，言朱熹所改定之《大学》也。

③与吕子约书中语。

④答何叔京书中语。

【原文·104】

侃去花间草，因曰："天地间何善难培，恶难去！"

先生曰："未培未去耳。"少间，曰："此等看善恶，皆从躯壳起念，便会错。"

侃未达。

曰："天地生意，花草一般，何曾有善恶之分？子欲观花，则以花为善，以草为恶；如欲用草时，复以草为善矣。此等善恶，皆由汝心好恶所生，故知是错。"

曰："然则无善无恶乎？"

曰："无善无恶者理之静，有善有恶者气之动。不动于气，即无善无恶，是谓至善。"

曰："佛氏亦无善无恶，何以异？"

曰："佛氏著在无善无恶上，便一切都不管，不可以治天下。圣人无善无恶，只是'无有作好'，'无有作恶'，不动于气；然'遵王之道'，会其有极，[①]便自一循天理，便有个裁成辅相。"

曰："草既非恶，即草不宜去矣。"

曰："如此却是佛、老意见。草若有碍，何妨汝去？"

曰："如此又是作好、作恶。"

曰：“不作好恶，非是全无好恶，却是无知觉的人。谓之不作者，只是好恶一循于理。不去又著一分意思。如此，即是不曾好恶一般。”

曰：“去草如何是一循于理，不著意思？”

曰：“草有妨碍，理亦宜去，去之而已。偶未即去，亦不累心。若著了一分意思，即心体便有贻累，便有许多动气处。”

曰：“然则善恶全不在物。”

曰：“只在汝心，循理便是善，动气便是恶。”

曰：“毕竟抑无善恶。”

曰：“在心如此，在物亦然。世儒惟不知此，舍心逐物，将‘格物’之学错看了，终日驰求于外，只做得个‘义袭而取’，终身行不著，习不察。”

曰：“如好好色，如恶恶臭，则如何？”

曰：“此正是一循于理，是天理合如此，本无私意作好作恶。”

曰：“如好好色，如恶恶臭，安得非意？”

曰：“却是诚意，不是私意。诚意只是循天理。虽是循天理，亦著不得一分意。故有所忿懥、好乐，则不得其正；[②]须是廓然大公，方是心之本体。知此，即知‘未发之中’。”

伯生曰：“先生云：‘草有妨碍，理亦宜去。’缘何又是躯壳起念？”

曰：“此须汝心自体当。汝要去草，是甚么心？周茂叔窗前草不除，[③]是甚么心？”

【注释】

①《书·洪范篇》曰：“无有作好，遵王之道；无有作恶，遵王之路。”作好，乱为私好也。作恶，乱为私恶也。遵王之道，

言遵循先王之正道也。

②语出《大学》。"所谓修身在正其心者：身有所忿懥，则不得其正；有所恐惧，则不得其正；有所好乐，则不得其正；有所忧患，则不得其正。"

③程颢云："周茂叔窗前草不除去。问之，云：'与自家意思一般。'"

【原文 · 105】

先生谓学者曰："为学须得个头脑，工夫方有著落；纵未能无间，如舟之有舵，一提便醒。不然，虽从事于学，只做个'义袭而取'，只是行不著，习不察，非大本、达道也。"又曰："见得时，横说竖说皆是；若于此处通，彼处不通，只是未见得。"

【原文 · 106】

或问为学以亲故，不免业举之累。

先生曰："以亲之故而业举为累于学，则治田以养其亲者，亦有累于学乎？先正云：'惟患夺志'，[①]但恐为学之志不真切耳。"

【注释】

①程颢语也。曰："或谓科举事业夺人之功，是不然。且一月之中，十日为举业，余日足可为学。然人不志此，必志于彼，故科举之事，不患妨功，惟患夺志。"

【原文·107】

崇一[①]问："寻常意思多忙，有事固忙，无事亦忙，何也？"

先生曰："天地气机，元无一息之停，然有个主宰，故不先不后，不急不缓，虽千变万化，而主宰常定，人得此而生。若主宰定时，与天运一般不息，虽酬酢万变，常是从容自在。所谓天君泰然，百体从令。若无主宰，便只是这气奔放，如何不忙！"

【注释】

①崇一，欧阳德字，号南野，泰和人。嘉靖进士，历刑部员外郎，以学行改编修，累迁礼部尚书。尝集四方名士与灵济宫，论良知之学，赴者五千人。有《欧阳南野集》。

【原文·108】

先生曰："为学大病在好名。"

侃曰："从前岁自谓此病已轻，比来精察，乃知全未。岂必务外为人，只闻誉而喜，闻毁而闷，即是此病发来。"

曰："最是。名与实对，务实之心重一分，则务名之心轻一分；全是务实之心，即全无务名之心；若务实之心如饥之求食，渴之求饮，安得更有工夫好名？"又曰："'疾没世而名不称'，[①]称字去声读，亦'声闻过情，君子耻之'之意。[②]实不称名，生犹可补，没则无及矣。'四十五十而无闻'，[③]是不闻道，非无声闻也。孔子云：'是闻也，非达也，[④]'安肯以此望人。"

【注释】

①孔子语，见《论语·卫灵公篇》。

②孟子语，见《孟子·离娄篇》。

③孔子语，见《论语·子罕篇》。

④《论语·颜渊篇》云：“子张问：‘士何如斯可谓之达矣？’子曰：‘何哉？尔所谓达者？’子张对曰：‘在邦必闻，在家必闻。’子曰：‘是闻也，非达也。夫达也者，质直而好义，察言而观色，虑以下人，在邦必达，在家必达。夫闻也者，色取仁而行违，居之不疑，在邦必闻，在家必闻。’”

【原文·109】

侃多悔。先生曰：“悔悟是去病之药；然以改之为贵，若留滞于中，则又因药发病。”

【原文·110】

德章曰：“闻先生以精金喻圣，以分两喻圣人之分量，以锻炼喻学者之工夫，最为深切；惟谓尧、舜为万镒，孔子为九千镒，疑未安。”

先生曰：“此又是躯壳上起念，故替圣人争分两；若不从躯壳上起念，即尧、舜万镒不为多，孔子九千镒不为少，尧、舜万镒，只是孔子的，孔子九千镒，只是尧、舜的，原无彼我。所以谓之圣，只论‘精一’，不论多寡，只要此心纯乎天理处同，便同谓之圣，若是力量气魄，如何尽同得？后儒只在分两上较量，所以流入功利；若除去了比较分两的心，各人尽着自己力量精神，只在此心纯天理上用功，即人人自有，个个圆成，便能大以成大小以成小，不假外慕，无不具足：此便是实实落落明善诚身的事。后儒不明圣学，不知就自己心地良知良能上体认扩充，却去求知其所不知，求能其所不能，一味只是希高慕大，不知自己是桀、纣心地，动辄要做尧、舜事业，如何做得！终年碌碌，至于老死，竟不知成就了个甚么，可哀也已！”

【原文·111】

侃问：“先儒以心之静为体，心之动为用，如何？”

先生曰：“心不可以动、静为体、用。动、静，时也。即体而言，用在体，即用而言，体在用：是谓体、用一源。若说静可以见其体，动可以见其用，却不妨。”

【原文·112】

问：“上智下愚如何不可移？[①]”

先生曰：“不是不可移，只是不肯移。”

【注释】

①《论语·阳货篇》云：“子曰：‘唯上知与下愚不移。’”

【原文·113】

问：子夏门人问交章。[①]

先生曰："子夏是言小子之交，子张是言成人之交；若善用之亦俱是。"

【注释】

①《论语·子张篇》云："子夏之门人问交于子张。子张曰：'子夏云何？'对曰：'子夏曰：可者与之，其不可者拒之。'子张曰：'异乎吾所闻。君子尊贤而容众，嘉善而矜不能。我之大贤与，于人何所不容？我之不贤与，人将拒我，如之何其拒人也？'"

【原文·114】

子仁[①]问："'学而时习之，不亦说乎！[②]'先儒以学为效先觉之所为，如何？"

先生曰："学是学去人欲、存天理。从事于去人欲、存天理，则自正诸先觉，考诸古训，自下许多问辨思索存省克治工夫。然不过欲去此心之人欲、存吾心之天理耳。若曰'效先觉之所为'，则只说得学中一件事，亦似专求诸外了。'时习'者，'坐如尸'，非专习坐也，坐时习此心也；'立如斋'，非专习立也，立时习此心也。[③]'说'是理义之说，我心之说；人心本自说理义，如目本说色，耳本说声，惟为人欲所蔽所累，始有不说；今人欲日去，则理义日洽浃，安得不说。"

【注释】

①子仁，栾惠字，浙江西安人。母患疯疾十三年，饮食搔摩，必躬必亲。聘充南胄六堂学长，辞。龙游郡守请往布行乡约，四方学者云集。

②孔子语，见《论语·学而篇》。说，古假为“悦”。

③“坐如尸，立如斋”，《礼记·曲礼篇》语。

【原文·115】

国英[①]问：“曾子三省虽切，恐是未闻一贯时工夫？[②]”

先生曰：“一贯是夫子见曾子未得用功之要，故告之。学者果能忠、恕上用功，岂不是一贯？‘一’如树之根本，‘贯’如树之枝叶，未种根，何枝叶之可得？体、用一源，体未立，用安从生？谓曾子于其用处盖已随事精察而力行之，但未知其体之一，此恐未尽。”

【注释】

①国英，陈姓，莆人。

②《论语·学而篇》云：“曾子曰：‘吾日三省吾身：为人谋，而不忠乎？与朋友交，而不信乎？传，不习乎？’”又《里仁篇》云：“子曰：‘参乎，吾道一以贯之。’曾子曰：‘唯。’子出，门人问曰：‘何谓也？’曾子曰：‘夫子之道，忠、恕而已矣。’”

【原文·116】

黄诚甫问汝与回也，孰愈章。[①]

先生曰："子贡多学而识，在闻见上用功，颜子在心地上用功，故圣人问以启之。而子贡所对又只在知见上，故圣人叹惜之，非许之也。"

【注释】

①黄诚甫，名宗明，鄞人。正德进士，历南京兵部员外郎。官终礼部侍郎。《论语·公冶长篇》云："子谓子贡曰：'女与回也孰愈？'对曰：'赐也何敢望回！回也闻一以知十，赐也闻一以知二。'子曰：'弗如也，吾与女弗如也。'"

【原文·117】

"颜子不迁怒，不贰过，[①]亦是有'未发之中'始能。"

【注释】

①孔子赞颜渊语，见《论语·雍也篇》。

【原文·118】

"种树者必培其根；种德者必养其心。欲树之长，必于始生时删其繁枝；欲德之盛，必于始学时去夫外好。如外好诗文，则精神日渐漏泄在诗文上去；凡百外好皆然。"又曰："我此论学，是无中生有的工夫。诸公须要信得及只是立志。学者一念为善之志，如树之种，但勿助勿忘，[1]只管培植将去，自然日夜滋长，生气日完，枝叶日茂。树初生时，便抽繁枝，亦须刊落，然后根干能大；初学时亦然。故立志贵专一。”

【注释】

①勿助勿忘，语本《孟子·公孙丑篇》。助，言故意助之长。忘，言忘其事也。

【原文·119】

因论先生之门，某人在涵养上用功，某人在识见上用功，先生曰:“专涵养者，日见其不足;专识见者，日见其有余。日不足者，日有余矣；日有余者，日不足矣。”

【原文·120】

梁日孚[1]问：“居敬、穷理是两事，先生以为一事，何如？”

先生曰：“天地间只有此一事，安有两事！若论万殊，礼仪三百，威仪三千，又何止两！公且道居敬是如何？穷理是如何？”

曰：“居敬是存养工夫，穷理是穷事物之理。”

曰：“存养个甚？”

曰：“是存养此心之天理。”

曰：“如此，亦只是穷理矣。”

曰："且道如何穷事物之理？"

曰："如事亲便要穷孝之理，事君便要穷忠之理。"

曰："忠与孝之理，在君、亲身上，在自己心上？若在自己心上，亦只是穷此心之理矣。且道如何是敬？"

曰："只是主一。"

"如何是主一？"

曰："如读书便一心在读书上，接事便一心在接事上。"

曰："如此则饮酒便一心在饮酒上，好色便一心在好色上，却是逐物，成甚居敬功夫！"

日孚请问。

曰："一者，天理。主一是一心在天理上。若只知主一，不知一即是理，有事时便是逐物，无事时便是著空。惟其有事无事，一心皆在天理上用功，所以居敬亦即是穷理：就穷理专一处说，便谓之居敬，就居敬精密处说，便谓之穷理，却不是居敬了别有个心穷理，穷理时别有个心居敬；名虽不同，功夫只是一事。就如《易》言'敬以直内，义以方外[②]'。敬即是无事时义，义即是有事时敬，两句合说一件。如孔子言'修己以敬[③]'，即不须言义；孟子言'集义'，即不须言敬。会得时，横说竖说，工夫总是一般；若泥文逐句，不识本领，即支离决裂，工夫都无下落。"

问："穷理何以即是尽性？"

曰："心之体性也，性即理也。穷仁之理真要仁极仁，穷义之理真要义极义，仁、义只是吾性，故穷理即是尽性。如孟子说充其恻隐之心至仁不可胜用，[④]这便是穷理工夫。"

日孚曰："先儒谓一草一木亦皆有理，不可不察，[⑤]如何？"

先生曰："夫我则不暇。公且先去理会自己性情，须能尽人之性，然后能尽物之性。"

日孚悚然有悟。

【注释】

①梁日孚，名焯。为进士时携家谒选于京，过赣见守仁，便欲从以终身，不愿离去。守仁劝以“务醒其心，毋徒汤火荆棘之为惧。”遂北去。

②《易·坤卦·文言》。

③见《论语·卫灵公篇》，孔子答子路问君子语。

④《孟子·尽心篇》云：“孟子曰：‘人皆有所不忍，达之于其所忍，仁也。人皆有所不为，达之于其所为，义也。人能充无欲害人之心，而仁不可胜用也。人能充无穿逾之心，而义不可胜用也。人能充无受尔汝之实，无所往而不为义也。……’”

⑤程颐语。

【原文·121】

惟乾[①]问：“知如何是心之本体？”

先生曰：“知是理之灵处；就其主宰处说，便谓之心，就其禀赋处说，便谓之性。孩提之童，无不知爱其亲，无不知敬其兄，[②]只是这个灵能不为私欲遮隔，充拓得尽，便完完是他本体，便与天地合德。自圣人以下，不能无蔽，故须‘格物’以致其知。”

【注释】

①惟乾，冀元亨字，号暗斋，武陵人。正德举人。主讲濂溪书院。宁王宸濠贻书阳明问学。使元亨往报。宸濠有叛意，以语

挑之。元亨佯不喻，独与论学。及宸濠败，张忠许泰欲诬阳明与通，捕元亨。世宗初事白，出狱五日卒。

②孟子标举所谓良知、良能者曰："孩提之童，无不知爱其亲也；及其长也，无不知敬其兄也。"见《孟子·尽心篇》。

【原文·122】

守衡问："《大学》工夫只是诚意，诚意工夫只是格物、修、齐、治、平；[①]只诚意尽矣，又有正心之功，有所忿懥好乐则不得其正，何也？"

先生曰："此要自思得之，知此则知'未发之中'矣。"

守衡再三请。

曰："为学工夫有浅深，初时若不著实用意去好善、恶恶，如何能为善、去恶！这著实用意便是诚意。然不知心之本体原无一物，一向著意去好善、恶恶，便又多了这分意思，便不是廓然大公。《书》所谓'无有作好、作恶'，方是本体。所以说'有所忿懥、好乐，则不得其正'。正心只是诚意工夫。里面体当自家心体，常要鉴空衡平，这便是'未发之中'。"

【注释】

①修身、齐家、治国、平天下也。

【原文·123】

正之[①]问："戒惧是己所不知时工夫，慎独是己所独知时工夫，此说如何？”

先生曰：“只是一个工夫，无事时固是独知，有事时亦是独知。人若不知于此独知之地用力，只在人所共知处用功，便是作伪，便是‘见君子而后厌然’。[②]此独知处便是诚的萌芽；此处不论善念、恶念，更无虚假，一是百是，一错百错，正是王霸、义利、诚伪、善恶界头，于此一立立定，便是端本澄源，便是立诚。古人许多诚身的工夫，精神命脉，全体只在此处，真是莫见莫显，无时无处，无终无始，只是此个工夫。今若又分戒惧为己所不知，即工夫便支离，便有间断。既戒惧即是知，己若不知，是谁戒惧？如此见解，便要流入断灭禅定。”

曰：“不论善念、恶念，更无虚假，则独知之地，更无无念时邪？”

曰：“戒惧亦是念。戒惧之念，无时可息。若戒惧之心稍有不存，不是昏聩，便已流入恶念；自朝至暮，自少至老，若要无念，即是己不知，此除是昏睡，除是槁木死灰。”

【注释】

①正之，黄弘纲字，雩都人。登乡举，官至刑部主事，学者称洛村先生。有《黄洛村集》。

②《大学》语。厌然，消沮闭藏之貌。

【原文 · 124】

志道问：“荀子云：‘养心莫善于诚’，先儒非之，[①]何也？”先生曰：“此亦未可便以为非。诚字有以工夫说者。诚是心之本体，求复其本体，便是思诚的工夫。明道说‘以诚敬存之’，亦是此意。《大学》‘欲正其心，先诚其意’。荀子之言固多病，然不可一例吹毛求疵。大凡看人言语，若先有个意见，便有过当处。‘为富不仁’之言，孟子有取于阳虎，[②]此便见圣贤大公之心。”

【注释】

①荀子语见《荀子·不苟篇》。周敦颐曰：“荀子元不识诚。”程颢曰：“既诚矣，心焉用养邪！”

②《孟子·滕文公篇》记滕文公问为国，孟子答语有“取于民有制”语，并引阳虎“为富不仁矣，为仁不富矣”之言以说明之。阳虎，春秋鲁人，为季氏家臣，专政，后叛鲁。

【原文·125】

萧惠问：“己私难克，奈何？”

先生曰：“将汝己私来替汝克。”又曰：“人须有为己之心，方能克己；能克己，方能成己。”

萧惠曰：“惠亦颇有为己之心，不知缘何不能克己？”

先生曰：“且说汝有为己之心是如何？”

惠良久曰：“惠亦一心要做好人，便自谓颇有为己之心。今思之，看来亦只是为得个躯壳的己，不曾为个真己。”

先生曰：“真己何曾离着躯壳？恐汝连那躯壳的己也不曾为。且道汝所谓躯壳的己，岂不是耳、目、口、鼻、四肢？”

惠曰：“正是为此；目便要色，耳便要声，口便要味，四肢便要逸乐，所以不能克。”

先生曰："美色令人目盲，美声令人耳聋，美味令人口爽，驰骋田猎令人发狂，这都是害汝耳、目、口、鼻、四肢的，岂得是为汝耳、目、口、鼻、四肢！若为著耳、目、口、鼻、四肢时，便须思量耳如何听，目如何视，口如何言，四肢如何动；必须非礼勿视、听、言、动，方才成得个耳、目、口、鼻、四肢，这个才是为著耳、目、口、鼻、四肢。汝今终日向外驰求，为名、为利，这都是为著躯壳外面的物事。汝若为著耳、目、口、鼻、四肢，要非礼勿视、听、言、动时，岂是汝之耳、目、口、鼻、四肢自能勿视、听、言、动，须由汝心。这视、听、言、动，皆是汝心：汝心之视，发窍于目，汝心之听，发窍于耳，汝心之言，发窍于口，汝心之动，发窍于四肢；若无汝心，便无耳、目、口、鼻。所谓汝心，亦不专是那一团血肉；若是那一团血肉，如今已死的人，那一团血肉还在，缘何不能视、听、言、动？所谓汝心，却是那能视、听、言、动的，这个便是性，便是天理。有这个性，才能生这性之生理，便谓之仁。这性之生理发在目，便会视，发在耳，便会听，发在口，便会言，发在四肢，便会动：都只是那天理发生。以其主宰一身，故谓之心。这心之本体，原只是个天理，原无非礼。这个便是汝之真己，这个真己是躯壳的主宰。若无真己，便无躯壳；真是有之即生，无之即死。汝若真为那个躯壳的己，必须用著这个真己，便须常常保守著这个真己的本体，戒慎不睹，恐惧不闻，惟恐亏损了他一些；才有一毫非礼萌动便如刀割，如针刺，忍耐不过，必须去了刀，拔了针。这才是有为己之心，方能克己。汝今正是认贼作子，缘何却说有为己之心不能克己！"

【原文·126】

有一学者病目，戚戚甚忧。先生曰："尔乃贵目贱心！"

【原文·127】

萧惠好仙、释。先生警之曰："吾亦自幼笃志二氏，自谓既有所得，谓儒者为不足学。其后居夷三载，见得圣人之学若是其简易广大，始自叹悔，错用了三十年气力。大抵二氏之学，其妙与圣人只有毫厘之间。汝今所学，乃其土苴，辄自信自好若此，真鸱鸮窃腐鼠耳。[①]"

惠请问二氏之妙。

先生曰："向汝说圣人之学简易广大，汝却不问我悟的，只问我悔的！"

惠惭谢，请问圣人之学。

先生曰："汝今只是了人事问；待汝办个真要求为圣人的心，来与汝说。"

惠再三请。

先生曰："已与汝一句道尽，汝尚自不会！"

【注释】

①言其以轻贱之物为美也。《庄子·秋水篇》云："夫鹓雏发于南海而飞于北海，非梧桐不止，非练食不食，非醴泉不饮。于是鸱得腐鼠，鹓雏过之，仰而视之曰：'吓！'"

【原文·128】

刘观时[①]问："'未发之中'是如何？"

先生曰："汝但戒慎不睹，恐惧不闻，养得此心纯是天理，便自然见。"

观时请略示气象。

先生曰："哑子吃苦瓜，与你说不得；你要如此苦，还须你自吃。"时曰仁在傍曰："如此才是真知，即是行矣。"一时在座诸友皆有省。

【注释】

①刘观时，辰阳人。

【原文·129】

萧惠问死、生之道。

先生曰："知昼、夜即知死、生。"

问昼、夜之道。

曰："知昼则知夜。"

曰："昼亦有所不知乎？"

先生曰："汝能知昼？懵懵而兴，蠢蠢而食，行不著，习不察，终日昏昏，只是梦昼。惟息有养，瞬有存，此心惺惺明明，天理无一息间断，才是能知昼。这便是天德，便是通乎昼、夜之道而知，更有什么死、生！"

【原文·130】

马子莘问："'修道之教[①]'，旧说谓圣人品节吾性之固有，[②]以为法于天下，若礼、乐、刑、政之属，此意如何？"

先生曰："道即性即命，本是完完全全，增减不得，不假修饰的。何须要圣人品节，却是不完全的物件！礼、乐、刑、政是治天下之法，固亦可谓之教，但不是子思本旨。若如先儒之说，下面由教入道的，缘何舍了圣人礼、乐、刑、政之教，别说出一段戒慎恐惧工夫？却是圣人之教为虚设矣。"

子莘请问。

先生曰："子思性、道、教，皆从本原上说，天命于人则命便谓之性，率性而行，则性便谓之道，修道而学，则道便谓之教。率性是诚者事，所谓'自诚明谓之性'也；修道是诚之者事，所谓'自明诚谓之教'也。圣人率性而行即是道。圣人以下未能率性，于道未免有过不及，故须修道。修道则贤知者不得而过，愚不肖者不得而不及，都要循著这个道，则道便是个教。此'教'字与'天道至教'，'风雨霜露，无非教也'之'教'同。[③]'修道'字与'修道以仁'同。人能修道，然后能不违于道，以复其性之本体，则亦是圣人率性之道矣。下面'戒慎恐惧'，便是修道的工夫，'中和'便是复其性之本体。如《易》所谓'穷理尽性以至于命'[④]，'中和位育'，便是尽性至命。"

【注释】

①《中庸》云："修道之谓教。"

②品节，为之等次，为之制限也。

③"天道至教"，《礼记·礼器篇》语。"风雨霜露，无非教也"，《礼记·孔子闲居篇》语。

④《易说·卦传》语。

【原文·131】

黄诚甫问："先儒于孔子告颜渊为邦之问，[①]是立万世常行之道，如何？"

先生曰："颜子具体圣人，其于为邦的大本大原都已完备，夫子平日知之已深，到此都不必言，只就制度文为上说。此等处亦不可忽略，须要是如此方尽善；又不可因自己本领是当了，便于防范上疏阔，须是要放郑声，远佞人。盖颜子是个克己向里、德上用心的人，孔子恐其外面末节，或有疏略，故就他不足处帮补说。若在他人，须告以'为政在人，取人以身，修身以道，修道以仁'，'达道''九经'及'诚身'许多工夫，[②]方始做得。这个方是万世常行之道。不然，只去行了夏时，乘了殷辂，服了周冕，作了《韶舞》，天下便治得？后人但见颜子是孔门第一人，又问个为邦，便把做天大事看了。"

【注释】

①《论语·卫灵公篇》云："颜渊问为邦。子曰：'行夏之时，乘殷之辂，服周之冕。乐则《昭舞》。放郑声，远佞人，——郑声淫，佞人殆。'"

②语皆出《中庸》：九经，修身、尊贤、亲亲、敬大臣、体群臣、子庶民、来百工、柔远人、怀诸侯九事也。

【原文·132】

蔡希渊问："文公《大学》新本，先'格致'而后'诚意'工夫，似与首章次第相合；若如先生从旧本之说，即'诚意'反在'格致'之前，于此尚未释然。"

先生曰："《大学》工夫即是'明明德'。'明明德'只是个'诚意'。'诚意'的工夫只是'格物''致知'。若以'诚意'为主，去用'格物''致知'的工夫，即工夫始有下落，即为善、去恶，无非是'诚意'的事。如新本先去穷格事物之理。即茫茫荡荡，都无著落处，须用添个'敬'字，方才牵扯得向身心上来。然终是没根源；若须用添个'敬'字，缘何孔门倒将一个最紧要的字落了，直待千余年后要人来补出？正谓以'诚意'为主，即不须添'敬'字。所以提出个'诚意'来说，正是学问的大头脑处。于此不察，真所谓毫厘之差，千里之缪。大抵《中庸》工夫只是'诚身'，'诚身'之极，便是'至诚'；《大学》工夫只是'诚意'，'诚意'之极，便是'至善'：工夫总是一般。今说这里补个'敬'字，那里补个'诚'字，未免画蛇添足。"

中卷

钱德洪序

【原文·133】

德洪[①]曰：昔南元善[②]刻《传习录》于越，凡二册。下册摘录先师手书，凡八篇。其答徐成之[③]二书，吾师自谓“天下是朱非陆，论定既久，一旦反之为难；二书姑为调停两可之说，使人自思得之。”故元善录为下册之首者，意亦以是欤？今朱、陆之辨明于天下久矣；洪刻先师文录置二书于外集者，示未全也，故今不复录。其余指知、行之本体，莫详于答人论学与答周道通[④]、陆清伯、欧阳崇一四书；而谓格物为学者用力日可见之地，莫详于答罗整庵[⑤]一书。平生冒天下之非诋，推陷万死，一生遑遑然不忘讲学，惟恐吾人不闻斯道，流于功利、机智以日堕于夷狄、禽兽而不觉，其一体同物之心，浇浇终身，至于毙而后已；此孔、孟以来贤圣苦心，虽门人子弟未足以慰其情也；是情也，莫见于答聂文蔚[⑥]之第一书。此皆仍元善所录之旧。而揭‘必有事焉’即‘致良知’功夫，明白简切，使人言下即得入手，此又莫详于答文蔚之第二书，故增录之。元善当时汹汹，乃能以身明斯道，卒至遭奸被斥，油油然惟以此生得闻斯学为庆，而绝无有纤芥愤郁不平之气。[⑦]

斯录之刻，人见其有功于同志甚大，而不知其处时之甚艰也。今所去取，裁之时义则然，非忍有所加损于其间也。

【注释】

①德洪，姓钱，本名宽，以字行，改字洪甫，号绪山，余姚人。举嘉靖进士，累官刑部郎中，坐论郭勋死罪，斥为民。遂周游四方，以讲学为事。学者称绪山先生。有《平濠记》《绪山会语》。

②南元善，名大吉，号瑞泉，渭南人。正德进士，历官绍兴知府。为权贵所疾，大计罢归。有《瑞泉集》。

③徐成之，守仁同乡。

④周道通，名卫，宜兴人。游湛若水王守仁之门，尝曰："湛之体认天理，即王之致良知也。"与同门蒋信集师说为《新泉问辨录》，两家同人各相非笑，卫为疏通其旨焉。

⑤罗整庵，名钦顺，字允升。弘治进士，授编修，迁南京国子司业。历官司至吏部右侍郎。归里后，居二十余年，务潜心学问。卒谥文庄。有《整庵存稿》。

⑥聂文蔚，名豹，吉安永丰人。正德进士，为平阳知府。后官至太子太保。豹初好王过仁之说，闻守仁没，为位哭，以弟子自处。及著《困辨录》，于守仁说颇有异同。

⑦大吉罢官归，途中致守仁书。守仁答书有云："近得中途寄来书，读之恍然如接颜色，勤勤恳恳，惟以得闻道为喜，急问学为事，恐卒不得为圣人为忧，亶亶千数百言，略无一字及于得丧荣辱之间。此非真有朝闻夕死之志者，未易以涉斯境也，浣慰何如！"

答顾东桥[①]书

【原文·134】

来书云：近时学者务外遗内，博而寡要，故先生特倡‘诚意’一义，针砭膏肓，诚大惠也！

吾子洞见时弊如此矣，亦将何以救之乎？然则鄙人之心，吾子固已一句道尽，复何言哉！复何言哉！若“诚意”之说，自是圣门教人用功第一义；但近世学者乃作第二义看，故稍与提掇紧要出来，非鄙人所能特倡也。

【注释】

①顾东桥，名璘，字华玉，上元人。弘治进士。

【原文·135】

来书云：但恐立说太高，用功太捷，后生师传，影响谬误，未免坠于佛氏明心、见性、定慧[①]、顿悟之机，无怪闻者见疑。

区区格、致、诚、正之说，是就学者本心、日用事为间体究践履，实地用功，是多少次第、多少积累在，正与空虚顿悟之说相反。闻者本无求为圣人之志，又未尝讲究其详，遂以见疑，亦无足怪。若吾子之高明，自当一语之下便了然矣；乃亦谓立说太高，用功太捷，何邪？

【注释】

①定慧，言坚定修持而发真智慧也。顿悟，言利根上智，顿时解悟，立地修证也。皆释氏语。

【原文·136】

来书云：所喻知、行并进，不宜分别前后，即《中庸》“尊德性而道问学”之功，交养互发，内外本末一以贯之之道。然工夫次第，不能无先后之差；如知食乃食，知汤乃饮，知衣乃服，知路乃行，未有不见是物，先有是事；此亦毫厘倏忽之间，非谓有等今日知之，而明日乃行也。

既云“交养互发，内外本末一以贯之”，则知、行并进之说无复可疑矣。又云“工夫次第，不能不无先后之差’，无乃自相矛盾已乎？知食乃食等说，此尤明白易见；但吾子为近闻障蔽，自不察耳。夫人必有欲食之心，然后知食，欲食之心即是意、即是行之始矣；食味之美恶，必待入口而后知，岂有不待入口而已先知食味之美恶者邪？必有欲行之心，然后知路，欲行之心即是意、即是行之始矣；路岐之险夷，必待身亲履历而后知，岂有不待身亲履历而已先知路岐之险夷者邪？知汤乃饮，知衣乃服，以此例之，皆无可疑。若如吾子之喻，是乃所谓不见是物而先有是事者矣。吾子又谓“此亦毫厘倏忽之间，非谓截然有等今日知之，而明日乃行也”。是亦察之尚有未精。然就如吾子之说，则知、行之为合一并进，亦自断无可疑矣。

【原文 · 137】

来书云：真知即所以为行，不行不足谓之知，此为学者吃紧立教，俾务躬行则可；若真谓行即是知，恐其专求本心，遂遗物理，必有暗而不达之处，抑岂圣门知行并进之成法哉？

知之真切笃实处即是行，行之明觉精察处即是知，知行工夫本不可离；只为后世学者分作两截用功，失却知、行本体，故有合一并进之说，真知即所以为行，不行不足谓之知。即如来书所云“知食乃食”等说，可见前已略言之矣。此虽吃紧救弊而发，然知、行之体本来如是，非以己意抑扬其间，姑为是说，以苟一时之效者也。‘专求本心，遂遗物理’，此盖失其本心者也。夫物理不外于吾心，外吾心而求物理，无物理矣。遗物理而求吾心，吾心又何物邪？心之体，性也，性即理也。故有孝亲之心，即有孝之理，无孝亲之心，即无孝之理矣；有忠君之心，即有忠之理，无忠君之心，即无忠之理矣：理岂外于吾心邪？晦庵谓人之所以为学者，心与理而已。心虽主乎一身，而实管乎天下之理；理虽散在万事，而实不外乎一人之心。是其一分一合之间，而未免已启学者心、理为二之弊。此后世所以有“专求本心，遂遗物理”之患，正由不知心即理耳。夫外心以求物理，是以有暗而不达之处；此告子义外之说，孟子所以谓之不知义也。[①]心一而已，以其全体恻怛而言谓之仁，以其得宜而言谓之义，以其条理而言谓之理；不可外心以求仁，不可外心以求义，独可外心以求理乎？外心以求理，此知、行之所以二也。求理于吾心，此圣门知、行合一之教，吾子又何疑乎！

【注释】

①《孟子·告子篇》云："告子曰：'食、色，性也。仁，内也，非外也。义，外也，非内也。'"《公孙丑篇》孟子答公孙丑云："我故曰，告子未尝知义，以其外之也。"

【原文·138】

来书云：所释《大学》古本，谓致其本体之知，此固孟子"尽心"之旨。朱子亦以虚灵知觉为此心之量。然"尽心"由于"知性"，"致知"在于"格物"。

"尽心"由于"知性"，"致知"在于"格物"，此语然矣；然而推本吾子之意，则其所以为是语者，尚有未明也。朱子以"尽心、知性、知天"为"物格、知致"，以"存心、养性、事天"为"诚意、正心、修身"，以"夭寿不贰、修身以俟"为知至、仁尽，圣人之事，若鄙人之见，则与朱子正相反矣。夫"尽心、知性、知天"者，"生知、安行"，圣人之事也；"存心、养性、事天"者，"学知、利行"，贤人之事也；"夭寿不贰、修身以俟"者，"困知、勉行"，学者之事也：岂可专以"尽心、知性"为知，"存心、养性"为行乎？吾子骤闻此言，必又以为大骇矣。然其间实无可疑者，一为吾子言之。夫心之体，性也；性之原，天也。能尽其心，是能尽其性矣。《中庸》云：“惟天下至诚，为能尽其性。”又云：“知天地之化育，质诸鬼神而无疑，知天也。”此惟圣人而后能然；故曰：此生知、安行，圣人之事也；存其心者，未能尽其心者也，故须加存之之功；必存之既久，不待于存而自无不存，然后可以进而言尽。盖“知天”之“知”，如“知州”“知县”之“知”，“知州”则一州之事皆己事也，“知县”则一县之事皆己事也，是与天为一者也；“事天”则如子之事父，臣之事君，犹与天为二也。天之所以命于我者，心也，性也，吾但存之而不敢失，养之而不敢害，如父母全而生之，子全而归之者也；故曰：此学知、利行，贤人之事也。至于“夭寿不贰”，则与存其心者又有间矣。存其心者虽未能尽其心，固已一心于为善，时有不存，则存之而已；今使之“夭寿不贰”，是犹以夭寿贰其心者也，犹以夭寿贰其心，是其为善之心犹未能一也，存之尚有所未可，而何尽之可云乎？今且使之不以夭寿贰其为善之心，若曰死生夭寿皆有定命，吾但一心于为善，修吾之身以俟天命而已，是其平日尚未知有天命也。“事天”虽与天为二，然已真知天命之所在，但惟恭敬奉承之而已耳；若俟之云者，则尚未能真知天命之所在，犹有所俟者也，故曰“所以立命”。立者“创立”之“立”，如“立德”“立言”“立功”“立名”之类，凡言立者，皆是昔未尝有而今始建立之谓，孔子所谓“不知命无以为君子”者也；故曰：此困知、勉行，学者之事也。今以“尽心、知性、知天”为“格物、致知”，使初学之士尚未能不贰其心者，而遽责之以圣人之生知、安行之事，如捕风捉影，茫然莫知所措其心，几何而不至于率天下而路也！今世致知、格物之弊亦居然可见矣，吾子所谓“务外遗内，博而寡要”者，无乃亦是过欤？此学问最紧要处，于此而差，将无往而不差矣。此鄙人之所以冒天下之非笑，忘其身之陷于罪戮，呶呶其言，有不容已者也。

【原文·139】

来书云：闻语学者，乃谓“即物穷理”之说亦是玩物丧志，又取其“厌繁就约”“涵养本原”数说标示学者，指为晚年定论，[①]此亦恐非。

朱子所谓格物云者，在即物而穷其理也。即物穷理是就事事物物上求其所谓定理者也，是以吾心而求理于事事物物之中，析心与理而为二矣。夫求理于事事物物者，如求孝之理于其亲之谓也；求孝之理于其亲，则孝之理其果在于吾之心邪？抑果在于亲之身邪？假而果在于亲之身，则亲没之后，吾心遂无孝之理欤？见孺子之入井，必有恻隐之理。是恻隐之理果在于孺子之身欤？抑在于吾心之良知欤？其或不可以从之于井欤？其或可以手而援之欤？是皆所谓理也。是果在于孺子之身欤？抑果出于吾心之良知欤？以是例之，万事万物之理莫不皆然。是可以知析心与理为二之非矣。夫析心与理而为二，此告子义外之说，孟子之所深辟也。“务外遗内，博而寡要”，吾子既已知之矣，是果何谓而然哉？谓之玩物丧志，尚犹以为不可欤？若鄙人所谓“致知、格物”者，致吾心之良知于事事物物也。吾心之良知，即所谓“天理”也。致吾心良知之“天理”于事事物物，则事事物物皆得其理矣。致吾心之良知者，致知也。事事物物皆得其理者，格物也。是合心与理而为一者也。合心与理而为一，则凡区区前之所云，与朱子晚年之论，皆可以不言而喻矣。

【注释】

①“厌繁就约”，朱熹与刘子澄书中意。“涵养本原”，朱熹答吕子约书中语。《朱子晚年定论》，守仁所辑朱熹之书信集也。守仁谓“世所传《集注》《或问》之类，乃其中年未定之说”。惟此所集，乃晚年之定论，而此定论与守仁之说无背也。

【原文·140】

来书云：人之心体本无不明，而气拘物蔽，鲜有不昏；非学、问、思、辨以明天下之理，则善恶之机，真妄之辨，不能自觉，任情恣意，其害有不可胜言者矣。

此段大略似是而非，盖承沿旧说之弊，不可以不辨也。夫问、思、辨、行皆所以为学，未有学而不行者也。如言学孝，则必服劳奉养，躬行孝道，然后谓之学；岂徒悬空口耳讲说，而遂可以谓之学孝乎？学射则必张弓挟矢，引满中的；学书则必伸纸执笔，操觚染翰；尽天下之学，无有不行而可以言学者：则学之始固已即是行矣。笃者，敦实笃厚之意。已行矣，而敦笃其行，不息其功之谓尔。盖学之不能以无疑，则有问，问即学也，即行也；又不能无疑，则有思，思即学也，即行也；又不能无疑，则有辨，辨即学也，即行也；辨既明矣，思既慎矣，问既审矣，学既能矣，又从而不息其功焉，斯之谓笃行。非谓学问思辨之后，而始措之于行也。是故以求能其事而言谓之学，以求解其惑而言谓之问，以求通其说而言谓之思，以求精其察而言谓之辨，以求履其实而言谓之行：盖析其功而言则有五，合其事而言则一而已。此区区心、理合一之体，知、行并进之功，所以异于后世之说者，正在于是。

今吾子特举学、问、思、辨以穷天下之理，而不及笃行，是专以学、问、思、辨为知，而谓穷理为无行也已；天下岂有不行而学者邪？岂有不行而遂可谓之穷理者邪？明道云：“只穷理便尽性至命。”故必仁极仁而后谓之能穷仁之理，义极义而后谓之能穷义之理。仁极仁则尽仁之性矣，义极义则尽义之性矣。学至于穷理至矣，而尚未措之于行，天下宁有是邪？是故知不行之不可以为学，则知不行之不可以为穷理矣；知不行之不可以为穷理，则知知、行之合一并进，而不可以分为两节事矣。夫万事万物之理，不外于吾心；而必曰穷天下之理，是殆以吾心之良知为未足，而必外求于天下之广，以裨补增益之，是犹析心与理而为二也。夫学、问、思、辨、笃行之功，虽其困勉至于人一己百，而扩充之极，至于尽性、知天，亦不过致吾心之良知而已；良知之外，岂复有加于毫末乎？今必曰穷天下之理，而不知反求诸其心，则凡所谓善、恶之机，真、妄之辨者，舍吾心之良知，亦将何所致其体察乎？吾子所谓气拘物蔽者，拘此蔽此而已。今欲去此之蔽，不知致力于此，而欲以外求，是犹目之不明者，不务服药调理以治其目，而徒伥伥然求明于其外；明岂可以自外而得哉？任情恣意之害，亦以不能精察天理于此心之良知而已。此诚毫厘千里之谬者，不容于不辨，吾子毋谓其论之太刻也。

【原文·141】

来书云：教人以致知、明德，而戒其即物穷理，诚使昏暗之士，深居端坐，不闻教告，遂能至于知致而德明乎？纵令静而有觉，稍悟本性，则亦定慧无用之见；果能知古今，达事变，而致用于天下国家之实否乎？其曰：“知者意之体，物者意之用，格物如格君心之非之格。”语虽超悟，独得不踵陈见，抑恐于道未相吻合？

区区论致知格物，正所以穷理，未尝戒人穷理，使之深居端坐而一无所事也。若谓即物穷理，如前所云务外而遗内者，则有所不可耳。昏暗之士，果能随事随物精察此心之天理，以致其本然之良知，则虽愚必明，虽柔必强，大本立而达道行，九经之属，可一以贯之而无遗矣；尚何患其无致用之实乎？彼顽空虚静之徒，正惟不能随事随物精察此心之天理，以致其本然之良知，而遗弃伦理、寂灭虚无以为常，是以要之不可以治家国天下。孰谓圣人穷理尽性之学，而亦有是弊哉！心者，身之主也；而心之虚灵明觉，即所谓本然之良知也。其虚灵明觉之良知应感而动者，谓之意。有知而后有意，无知则无意矣。知非意之体乎？意之所用，必有其物，物即事也。如意用于事亲，即事亲为一物，意用于治民，即治民为一物，意用于读书，即读书为一物，意用于听讼，即听讼为一物。凡意之所用，无有无物者。有是意即有是物，无是意即无是物矣。物非意之用乎？“格”字之义，有以“至”字训者，如“格于文祖”“有苗来格”，[①]是以“至”训者也。然“格于文祖”，必纯孝诚敬，幽明之间无一不得其理，而后谓之“格”；有苗之顽，实以文德诞敷而后格，则亦兼有“正”字之义在其间，未可专以“至”字尽之也。如“格其非心”“大臣格君心之非”之类，是则一皆“正其不正以归于正”之义，而不可以“至”字为训矣。且《大学》“格物”之训，又安知其不以“正”字为训，而必以“至”字为义乎？如以“至”字为义者，必曰“穷至事物之理”，而后其说始通。是其用功之要，全在一“穷”字，用力之地，全在一“理”字也。若上去一穷，下去一理字，而直曰“致知在至物”，其可通乎？夫“穷理尽性”，圣人之成训，见于《系辞》者也。苟“格物”

之说而果即“穷理”之义，则圣人何不直曰“致知在穷理”，而必为此转折不完之语，以启后世之弊邪？盖《大学》“格物”之说，自与《系辞》“穷理”大旨虽同，而微有分辨。“穷理”者，兼格、致、诚、正而为功也。故言“穷理”，则格、致、诚、正之功皆在其中，言“格物”，则必兼举致知、诚意、正心，而后其功始备而密。今偏举“格物”而遂谓之“穷理”，此所以专以“穷理”属“知”，而谓“格物”未常有“行”。非惟不得“格物”之旨，并“穷理”之义而失之矣。此后世之学所以析知、行为先后两截，日以支离决裂，而圣学益以残晦者，其端实始于此。吾子盖亦未免承沿积习，则见以为“于道未相吻合”，不为过矣。

【注释】

①“格于文祖”，《书·舜典》语。又《大禹谟》曰：“有苗格。”

【原文·142】

来书云：谓致知之功，将如何为温清、如何为奉养即是“诚意”，非别有所谓“格物”：此亦恐非。

此乃吾子自以己意揣度鄙见而为是说，非鄙人之所以告吾子者矣。若果如吾子之言，宁复有可通乎！盖鄙人之见，则谓意欲温清、意欲奉养者，所谓“意”也，而未可谓之“诚意”；必实行其温清奉养之意，务求自慊而无自欺，然后谓之“诚意”。知如何而为温清之节、知如何而为奉养之宜者，所谓“知”也，而未可谓之“致知”；必致其知如何为温清之节者之知，而实以之温清，致其知如何为奉养之宜者之知，而实以之奉养，然后谓之

"致知"。温凊之事，奉养之事，所谓"物"也，而未可谓之"格物"；必其于温凊之事也，一如其良知之所知当如何为温凊之节者而为之，无一毫之不尽，于奉养之事也，一如其良知之所知当如何为奉养之宜者而为之，无一毫之不尽，然后谓之"格物"。温凊之物格，然后知温凊之良知始致；奉养之物格，然后知奉养之良知始致。故曰"物格而后知至"。致其知温凊之良知，而后温凊之意始诚；致其知奉养之良知，而后奉养之意始诚。故曰"知至而后意诚"。此区区"诚意、致知、格物"之说盖如此：吾子更熟思之，将亦无可疑者矣。

【原文·143】

来书云：道之大端易于明白，所谓"良知、良能"，愚夫愚妇可与及者。至于节目时变之详，毫厘千里之缪，必待学而后知。今语孝于温凊定省，孰不知之；至于舜之不告而娶，[①]武之不葬而兴师，[②]养志、养口，[③]小杖、大杖，[④]割股、庐墓等事，处常、处变，过与不及之间，必须讨论是非，以为制事之本，然后心体无蔽，临事无失。

道之大端易于明白，此语诚然。顾后之学者，忽其易于明白者而弗由，而求其难于明白者以为学，此其所以"道在迩而求诸远，事在易而求诸难"也。[⑤]孟子云："夫道若大路然，岂难知哉？人病不由耳。"[⑥]良知、良能，愚夫、愚妇与圣人同；但惟圣人能致其良知，而愚夫、愚妇不能致，此圣、愚之所由分也。节目时变，圣人夫岂不知，但不专以此为学；而其所谓学者，正惟致其良知，以精审此心之天理，而与后世之学不同耳。吾子未暇良知之致，而汲汲焉顾是之忧，此正求其难于明白者以为学之弊也。夫良知之于节目时变，犹规矩、尺度之于方圆、长短也；节目时变之不可预定，犹方圆、长短之不可胜穷也。故规矩诚立，则不可欺以方圆，而天下之方圆不可胜用矣；尺度诚陈，则不可欺以长短，而天下之长短不可胜用矣；良知诚致，则不可欺以节目时变，而天下之节目时变不可胜应矣。毫厘千里之谬，不于吾心良知一念之微而察之，亦将何所用其学乎！是不以规矩而欲定天下之方圆，不以尺度而欲尽天下之长短，吾见其乖张谬戾，日劳而无成也已。吾子谓"语孝于温凊定省，孰不知之"。然而能致其知者鲜矣。若谓粗知温凊定省之仪节，而遂谓之能致其知，则凡知君之当仁者，皆可谓之能致其仁之知，知臣之当忠者，皆可谓之能致其忠之知，则天下孰非致知者邪？以是而言可以知致知之必在于行，而不行之不可以为致知也，明矣。知行合一之体，不益较然矣乎？夫舜之不告而娶，岂舜之前已有不告而娶者为之准则，故舜得以考之何典，问诸何人，而为此邪？抑亦求诸其心一念之良知，权轻重之宜，不得已而为此邪？武之不葬而兴师，岂武之前已有不葬而兴师者为之准则，故武得以考之何典，问诸何人，而为此邪？抑亦求诸其心一念之良知，权轻重之宜，不得已而为此邪？使舜之心而非诚于为无后，武之心而非诚于为救民，则其不告而娶，与不葬而兴师，乃不孝、不忠之大者。而后之人不务致其良知，以精察义理于此心感应酬酢之间，顾欲悬空讨论此等变常之事，执之以为制事之本，以求临事之无失，其亦远矣。其余数端，皆可类推，则古人致知之学，从可知矣。

【注释】

①传说，舜父顽母嚚，常欲害舜，舜不告父母而娶尧之二女。

②周武王伐纣，载文王木主，尚未葬文王也。

③《孟子·离娄篇》云："孟子曰：'……曾子养曾皙，必有酒肉；将彻，必请所与；问有余，必曰有。曾皙死，曾元养曾子，必有酒肉；将彻，必请所与；问有余，曰亡矣——将以复进也。此所谓养口体者也。若曾子，则可谓养志也。'"

④《后汉书·崔寔传》记寔从兄烈入钱得官，问其子钧外论如何。钧答"论者嫌其铜臭"。烈怒，举杖击之。钧狼狈走。烈骂之。钧曰："舜之事父，小杖则受，大杖则走，非不孝也。"《韩诗外传》有孔子告曾参语，则为"小箠则待笞，大杖则逃"。

⑤本孟子语。见《孟子·离娄篇》。

⑥见《孟子·告子篇》。惟不作"由"，作"求"。

【原文·144】

来书云：谓《大学》"格物"之说，专求本心，犹可牵合；至于《六经》《四书》所载"多闻多见"，[①]"前言往行"，[②]"好古敏求"，[③]"博学审问"，[④]"温故知新"，[⑤]"博学详说"，[⑥]"好问好察"，[⑦]是皆明白求于事为之际、资于论说之间者，用功节目固不容紊矣。

"格物"之义，前已详悉，牵合之疑，想已不俟复解矣。至于"多闻多见"，乃孔子因子张之务外好高，徒欲以多闻多见为学，而不能求诸其心，以阙疑殆，[⑧]此其言行所以不免于尤悔，而所谓见闻者，适以资其务外好高而已；盖所以救子张多闻多见之病，而非以是教之为学也。夫子尝曰："盖有不知而作之者，我无是也。"是犹孟子"是非之心，人皆有之"之义也。[⑨]此言正所以明德性之良知非由于闻见耳。若曰“多闻择其善者而从之，多见而识之”，则是专求诸见闻之末，而已落在第二义矣，故曰“知之次也”。夫以见闻之知为次，则所谓知之上者果安所指乎？是可以窥圣门致知用力之地矣。夫子谓子贡曰：“赐也，汝以予为多学而识之者欤？非也，予一以贯之。”⑩使诚在于“多学而识”，则夫子胡乃谬为是说，以欺子贡者邪？“一以贯之”，非致其良知而何？《易》曰：“君子多识前言往行，以畜其德。”夫以畜其德为心，则凡多识前言往行者，孰非畜德之事；此正知、行合一之功矣。“好古敏求”者，好古人之学，而敏求此心之理耳。心即理也。学者，学此心也；求者，求此心也。孟子云：“学问之道无他，求其放心而已矣。”⑪非若后世广记博诵古人之言词，以为好古，而汲汲然惟以求功名利达之具于其外者也。“博学、审问”，前言已尽。“温故、新知”，朱子亦以“温故”属之“尊德性”矣；德性岂可以外求哉？惟夫“知新”必由于“温故”，而“温故”乃所以“知新”，则亦可以验知、行之非两节矣。“博学而详说之者，将以反说约也”。若无“反约”之云，则“博学、详说”者，果何事邪？舜之“好问好察”，惟以用中而致其精一于道心耳。道心者，良知之谓也。君子之学，何尝离去事为而废论说；但其从事于事为、论说者，要皆知、行合一之功，正所以致其本心之良知，而非若世之徒事口耳谈说以为知者，分知、行为两事，而果有节目先后之可言也。

【注释】

①《论语·述而篇》云：“子曰：‘盖有不知而作之者，我无是也。多闻择其善者而从之，多见而识之，知之次也。’”

②《易·大畜》卦辞云：“君子以多识前言往行以畜其德。”

③《论语·述而篇》云：“子曰：‘我非生而知之者，好古敏以求之者也。’”

④《中庸》论诚之之道，有云：“博学之，审问之，……”

⑤《论语·为政篇》云：“子曰：‘温故而知新，可以为师矣。’”

⑥《孟子·离娄篇》云：“孟子曰：‘博学而详说之，将以反说约也。’”

⑦《中庸》云：“舜好问而好察迩言。”

⑧阙疑，阙其所未信者也，阙殆，阙其所未安者也。《论语·为政篇》云：“子张学干禄。子曰：‘多闻阙疑，慎言其余，则寡尤。多见阙殆，慎行其余，则寡悔。言寡尤，行寡悔，禄在其中矣。’”

⑨语见《孟子·告子篇》。

⑩见《论语·卫灵公篇》。

⑪见《孟子·告子篇》。

【原文·145】

来书云：杨墨之为仁义，乡愿[1]之辞忠信，尧、舜、子之之禅让，汤、武、楚项之放伐，周公、莽、操之摄辅，谩无印正，又焉适从？且于古今事变、礼乐、名物，未尝考识，使国家欲兴明堂，建辟雍，制历律，草封禅，[2]又将何所致其用乎？故《论语》曰“生而知之”者，义理耳。若夫礼乐、名物、古今事变，亦必待学而后有以验其行事之实；此则可谓定论矣。

所喻杨、墨、乡愿、尧、舜、子之、汤、武、楚项、周公、莽、操之辨，与前舜、武之论，大略可以类推。古今事变之疑，前于良知之说，已有规矩尺度之喻，当亦无俟多赘矣。至于明堂、辟雍诸事，似尚未容于无言者；然其说甚长，姑就吾子之言而取正焉，则吾子之惑将亦可以少释矣。夫明堂、辟雍之制，始见于吕氏之《月令》，[③]汉儒之训疏，《六经》《四书》之中，未尝详及也。岂吕氏、汉儒之知，乃贤于三代之贤圣乎？齐宣之时，明堂尚有未毁，[④]则幽、厉之世，周之明堂皆无恙也。尧、舜茅茨土阶，明堂之制未必备，而不害其为治；幽、厉之明堂，固犹文、武、成、康之旧，而无救于其乱：何邪？岂能"以不忍人之心，而行不忍人之政"[⑤]，则虽茅茨土阶，固亦明堂也；以幽、厉之心，而行幽、厉之政，则虽明堂，亦暴政所自出之地邪？武帝肇讲于汉，而武后盛作于唐，[⑥]其治乱何如邪？天子之学曰辟雍，诸侯之学曰泮宫，皆象地形而为之名耳。[⑦]然三代之学，其要皆所以明人伦，非以辟不辟、泮不泮为重轻也。孔子云："人而不仁，如礼何！人而不仁，如乐何！"[⑧]制礼作乐，必具中和之德，声为律而身为度者，然后可以语此。若夫器数之末，乐工之事，祝史之守。故曾子曰："君子所贵乎道者三，笾豆之事，则有司存也。"[⑨]尧"命羲和钦若昊天，历象日月星辰"，其重在于"敬授人时"也。[⑩]舜"在璇玑玉衡"，其重在于"以齐七政"也。[⑪]是皆汲汲然以仁民之心而行其养民之政，治历明时之本，固在于此也。羲和历数之学，皋、契未必能之也，禹、稷未必能之也，尧、舜之知而不偏物，虽尧、舜亦未必能之也；然至于今循羲和之法而世修之，虽曲知小慧之人，星术浅陋之士，亦能推步占候而无所忒。则是后世曲知小慧之人，反贤于禹、稷、尧、舜者邪？"封禅"之说尤为不经，是乃后世佞人谀士所以求媚于其上，倡为夸侈，以荡君心而靡国费；盖欺天罔人无耻之大者，君子之所不道，司马相如之所以见讥于天下后世也。[⑫]吾子乃以是为儒者所宜学，殆亦未之思邪？夫圣人之所以为圣者，以其生而知之也；而释《论语》者曰："'生而知之'者，义理耳。

若夫礼乐、名物、古今事变，亦必待学而后有以验其行事之实。”夫礼乐、名物之类，果有关于作圣之功也，而圣人亦必待学而后能知焉，则是圣人亦不可以谓之“生知”矣。谓圣人为“生知”者，专指义理而言，而不以礼乐、名物之类，则是礼乐、名物之类无关于作圣之功矣。圣人之所以谓之“生知”者，专指义理而不以礼乐、名物之类，则是“学而知之”者，亦惟当学知此义理而已，“困而知之”者，亦惟当困知此义理而已。今学者之学圣人，于圣人之所能知者，未能“学而知之”，而顾汲汲焉求知圣人之所不能知者以为学，无乃失其所以希圣之方欤？凡此皆就吾子之所惑者而稍为之分释，未及乎拔本塞源之论也。夫拔本塞源之论不明于天下，则天下之学圣人者，将日繁日难，斯人沦于禽兽、夷狄，而犹自以为圣人之学；吾之说虽或暂明于一时，终将冻解于西而冰坚于东，雾释于前而云滃于后，呶呶焉危困以死，而卒无救于天下之分毫也已。夫圣人之心，以天地万物为一体，其视天下之人，无外内远近，凡有血气，皆其昆弟赤子之亲，莫不欲安全而教养之，以遂其万物一体之念。天下之人心，其始亦非有异于圣人也，特其间于有我之私，隔于物欲之蔽，大者以小，通者以塞，人各有心，至有视其父、子、兄、弟如仇雠者。圣人有忧之，是以推其天地万物一体之仁以教天下，使之皆有以克其私，去其蔽，以复其心体之同然。其教之大端，则尧、舜、禹之相授受，所谓“道心惟微，惟精惟一，允执厥中”；而其节目，则舜之命契，所谓“父子有亲，君臣有义，夫妇有别，长幼有序，朋友有信”五者而已。[13]唐、虞、三代之世，教者惟以此为教，而学者惟以此为学。当是之时，人无异见，家无异习，安此者谓之圣，勉此者谓之贤，而背此者，虽其启明如朱，亦谓之不肖；下至闾井、田野，农、工、商、贾之贱，莫不皆有是学，而惟以成其德行为务。何者？无有闻见之杂，记诵之烦，辞章之靡滥，功利之驰逐，而但使之孝其亲，弟其长，信其朋友，以复其心体之同然：是盖性分之所固有，而非有假于外者，则人亦孰不能之乎？学校之中，惟以成德为事；而才能之异，或有长于礼乐，长于政教，长于水土播植者，则就其成德，而因使益精其能于学校之中。迨夫举德而任，则使之终身居其职而不易。用之者惟知同心一德，以共安天下之民，视才之称否，而不以崇卑为轻重，劳逸为美恶；效用者亦惟知同心一德，以共安天下之民，苟当其能，则终身处于烦剧而不以为劳，安于卑琐而不以为贱。当是之时，天下之人熙熙皞皞，皆相视如一家之亲。其才质之下者，则安其农、工、商、贾之分，各勤其业，以相生相养，而无有乎希高慕外之心。其才能之异，若皋、夔、稷、契者，则出而各效其能。若一家之务，或营其衣食，或通其有无，或备其器用，集谋并力，以求遂其仰事俯育之愿，惟恐当其事者之或怠而重己之累也。故稷勤其稼，而不耻其不知教，视契之善教，即己之善教也；夔司其乐，而不耻于不明礼，视夷之通礼，即己之通礼也。盖其心学纯明，而有以全其万物一体之仁，故其精神流贯，志气通达，而无有乎人己之分，物我之间；譬之一人之身，目视，耳听，手持，足行，以济一身之用，目不耻其无聪，而耳之所涉，目必营焉，足不耻其无执，而手之所探，足必前焉。盖其元气充周，血脉条畅，是以痒疴呼吸，感触神应，有不言而喻之妙。此圣人之学所以至易至简，易知易从，学易能而才易成者，正以大端惟在复心体之同然，而知识技能非所与论也。三代之衰，王道熄而霸术焻；孔、孟既没，圣学晦而邪说横：教者不复以此为教，而学者不复以此为学。霸者之徒，窃取先王之近似者，假之于外以内济其私己之欲，天下靡然而宗之，圣人之道遂以芜塞。相仿相效，日求所以富强之说，倾诈之谋，攻伐之计，一切欺天罔人，苟一时之得，以猎取声利之术，若管、商、苏、张之属者，至不可名数。既其久也，斗争劫夺，不胜其祸，斯人沦于禽兽、夷狄，而霸术亦有所不能行矣。世之儒者慨然悲伤，搜猎先圣王之典章法制，而掇拾修补于煨烬之余，盖其为心良亦欲以挽回先王之道。圣学既远，霸术之传积渍已深，虽在贤知，皆不免于习染，其所以讲明修饰，以求宣畅光复于世者，仅足以增霸者之藩篱，而圣学之门墙，遂不复可睹；于是乎有训诂之学，而传之以为名，有记诵之学，而言之以为博，有词章之学，而侈之以为丽：若是者，纷纷籍籍，群起角立于天下，又不知其几家，万径千蹊，莫知所适。世之学者如入百戏之场，欢谑跳踉、骋奇斗巧、献笑争妍者，四面而竞出，前瞻后盼，应接不遑，而耳目眩瞀，精神恍惑，日夜遨游淹息其间，如病狂丧心之人，莫自知其家业之所归；时君世主亦皆昏迷颠倒于其说，而终身从事于无用之虚文，莫自知其所谓。间有觉其空疏谬妄，支离牵滞，而卓然自奋，欲以见诸行事之实者，极其所抵，亦不过为富强功利、五霸之事业而止。圣人之学日远日晦，而功利之习愈趋愈下；其间虽尝瞽惑于佛、老，而佛、老之说卒亦未能有以胜其功利之心；虽又尝折衷于群儒，而群儒之论终亦未能有以破其功利之见。盖至于今，功利之毒沦浃于人之心髓，而习以成性也，几千年矣。相矜以知，相轧以势，相争以利，相高以技能，相取以声誉；其出而仕也，理钱谷者则欲兼夫兵刑，典礼乐者又欲与于铨轴，处郡县则思藩臬之高，居台谏则望宰执之要。故不能其事则不得以兼其官，不通其说则不可以要其誉；记诵之广，适以长其敖也；知识之多，适以行其恶也；闻见之博，适以肆其辨也；辞章之富，适以饰其伪也。是以皋、夔、稷、契所不能兼之事，而今之初学小生皆欲通其说，究其术。其称名僭号，未尝不曰吾欲以共成天下之务，而其诚心实意之所在，以为不如是则无以济其私而满其欲也。呜呼，以若是之积染，以若是之心志，而又讲之以若是之学术，宜其闻吾圣人之教，而视之以为赘疣柄凿；则其以良知为未足，而谓圣人之学为无所用，亦其势有所必至矣！呜呼，士生斯世，而尚何以求圣人之学乎！尚何以论圣人之学乎！士生斯世，而欲以为学者，不亦劳苦而繁难乎！不亦拘滞而险艰乎！呜呼，可悲也已！所幸天理之在人心，终有所不可泯，而良知之明，万古一日，则其闻吾拔本塞源之论，必有恻然而悲，戚然而痛，愤然而起，沛然若决江河，而有所不可御者矣。非夫豪杰之士，无所待而兴起者，吾谁与望乎？

【注释】

①乡愿，乡里所称谨愿之人也。《孟子·尽心篇》，万章以孔子谓乡愿为德之贼为问，孟子曰："非之无举也，刺之无刺也，同乎流俗，合乎污世，居之似忠信，行之似廉洁，众皆悦之，自以为是，而不可与入尧、舜之道：故曰德之贼也。"

②明堂，古者施政、行礼之所也。辟雍，古者教人之大学也。历律，历数乐律也。封禅，古者祭天地而纪功于山石之事也。

③《吕氏春秋》篇名。

④齐宣王曾问孟子曰："人皆谓我毁明堂，毁诸已乎？"见《孟子·梁惠王篇》。

⑤本孟子语。见《孟子·公孙丑篇》。

⑥武帝武后皆信儒臣之言，模拟古制，兴作明堂，为发施礼乐政教之所。

⑦辟，璧也。辟雍形圆，象圆璧，故名。泮之言半也。泮宫东西门以南通水，北无水，故名。

⑧见《论语·八佾篇》。

⑨此曾子寝疾告孟敬子之语，见《论语·泰伯篇》。所谓“所贵乎道者三”者，“动容貌，斯远暴慢矣；正颜色斯近信矣；出辞气，斯远鄙倍矣。”

⑩本《书·尧典》语。钦，敬也。若，顺也。

⑪本《书·舜典》语。璇玑玉衡，测天文之器也。七政，月、日、五星运行之法也。

⑫司马相如有遗札言封禅事。

⑬孟子为陈相述古事，曰：“使契为司徒，教以人伦，”下即此五目。见《孟子·滕文公篇》。

答周道通书

【原文·146】

吴、曾两生至，备道道通恳切为道之意，殊慰相念。若道通真可谓笃信好学者矣。忧病中会不能与两生细论，然两生亦自有志向、肯用功者，每见辄觉有进，在区区诚不能无负于两生之远来，在两生则亦庶几无负其远来之意矣。临别以此册致道通意，请书数语。荒愦无可言者，辄以道通来书中所问数节，略下转语奉酬。草草殊不详细，两生当亦自能口悉也。

【原文·147】

来书云：日用工夫只是"立志"，近来于先生诲言时时体验，愈益明白。然于朋友不能一时相离。若得朋友讲习，则此志才精健阔大，才有生意；若三五日不得朋友相讲，便觉微弱，遇事便会困，亦时会忘。乃今无朋友相讲之日，还只静坐，或看书，或游衍经行，凡寓目、措身，悉取以培养此志，颇觉意思和适；然终不如朋友讲聚，精神流动，生意更多也。离群索居之人，当更有何法以处之？

此段足验道通日用工夫所得，工夫大略，亦只是如此用，只要无间断，到得纯熟后，意思又自不同矣。大抵吾人为学，紧要大头脑，只是“立志”。所谓“困、忘”之病，亦只是志欠真切。今好色之人，未尝病于困忘，只是一真切耳。自家痛痒，自家须会知得，自家须会搔摩得；既自知得痛痒，自家须不能不搔摩得。佛家谓之“方便法门”，须是自家调停斟酌，他人总难与力，亦更无别法可设也。

【原文·148】

来书云：上蔡尝问天下何思何虑。伊川云：“有此理，只是发得太早。”[①]在学者工夫，固是“必有事焉而勿忘”，然亦须识得“何思何虑”底气象、一并看为是。若不识得这气象，便有正与助长之病；若认得“何思何虑”，而忘“必有事焉”工夫，恐又堕于“无”也。须是不滞于“有”，不堕于“无”。然乎否也？

所论亦相去不远矣，只是契悟未尽。上蔡之问，与伊川之答，亦只是上蔡、伊川之意，与孔子《系辞》原旨稍有不同。《系》言“何思何虑”，是言所思所虑只是一个天理，更无别思别虑耳，非谓无思无虑也。故曰：“同归而殊途，一致而百虑，天下何思何虑。”云“殊途”，云“百虑”，则岂谓无思无虑邪？心之本体即是天理。天理只是一个，更有何可思虑得？天理原自寂然不动，原自感而遂通。学者用功，虽千思万虑，只是要复他本来体用而已，不是以私意去安排思索出来。故明道云：“君子之学，莫若廓然而大公，物来而顺应。”若以私意去安排思索，便是用智自私矣。“何思何虑”正是工夫。在圣人分上，便是自然的；在学者分上，便是勉然的。伊川却是把作效验看了，所以有“发得太早”之说。既而云：“却好用功”，则已自觉其前言之有未尽矣。濂溪主静之论亦是此意。②今道通之言，虽已不为无见，然亦未免尚有两事也。

【注释】

①上蔡，宋谢良佐，字显道，上蔡其籍贯也。从程颢受学，后卒业于程颐。记问该赡，称引前史，至不差一字。与颐别一年，复来见，颐问其所进。曰：“但去得一矜字。”颐叹其善学。有《论语说》，又有《上蔡语录》，则曾恬，胡安国所录良佐之语也。《伊川语录》曰：“谢良佐往见伊川，伊川：‘近日事如何？’对曰：‘天下何思何虑。’伊川曰：‘是则是有此理，贤却发得太早在。’伊川直是会锻炼得人，说了，又道：‘恰好著工夫也。’”

②《太极图说》曰：“二气交感，化生万物。万物生生而变化无穷焉。惟人也得其秀而最灵，形既生矣，神发知矣，五性感动，而善恶分，万事出矣。圣人定之以中正仁义而主静（自注云：无欲故静），立人极焉。”

【原文·149】

来书云：凡学者才晓得做工夫，便要识认得圣人气象。盖认得圣人气象，把做准的，乃就实地做工夫去，才不会差，才是作圣工夫。未知是否？

先认圣人气象，昔人尝有是言矣，然亦欠有头脑。圣人气象自是圣人的，我从何处识认？若不就自己良知上真切体认，如以无星之称而权轻重，未开之镜而照妍媸，真所谓以小人之腹，而度君子之心矣。圣人气象何由认得？自己良知原与圣人一般，若体认得自己良知明白，即圣人气象不在圣人而在我矣。程子尝云："觑著尧学他行事，无他许多聪明睿智，安能如彼之动容周旋中礼？"又云："心通于道，然后能辨是非。"今且说通于道在何处？聪明睿智从何处出来？

【原文·150】

来书云：事上磨炼。一日之内，不管有事无事，只一意培养本原。若遇事来感，或自己有感，心上既有觉，安可谓无事？但因事凝心一会，大段觉得事理当如此，只如无事处之，尽吾心而已。然乃有处得善与未善，何也？又或事来得多，须要次第与处，每因才力不足，辄为所困，虽极力扶起而精神已觉衰弱。遇此未免要十分退省，宁不了事，不可不加培养。如何？

所说工夫，就道通分上也只是如此用，然未免有出入在。凡人为学，终身只为这一事。自少至老，自朝至暮，不论有事无事，只是做得这一件，所谓"必有事焉"者也。若说"宁不了事，不可不加培养"，却是尚为两事也。"必有事焉而勿忘勿助"，事物之来，但尽吾心之良知以应之，所谓"忠恕违道不远"矣。①凡处得有善有未善，及有困顿失次之患者，皆是牵于毁誉得丧，不能实致其良知耳。若能实致其良知，然后见得平日所谓善者未必是善，所谓未善者，却恐正是牵于毁誉得丧，自贼其良知者也。

【注释】

①《中庸篇》语。

【原文·151】

来书云：致知之说，春间再承诲益，已颇知用力，觉得比旧尤为简易。但鄙心则谓与初学言之，还须带“格物”意思，使之知下手处。本来“致知”“格物”一并下，但在初学未知下手用功，还说与“格物”，方晓得“致知”云云。

“格物”是“致知”工夫，知得“致知”便已知得“格物”；若是未知“格物”，则是“致知”工夫亦未尝知也。近有一书与友人论此颇悉，今往一通，细观之，当自见矣。

【原文·152】

来书云：今之为朱、陆之辨者尚未已。每对朋友言，正学不明已久，且不须枉费心力为朱、陆争是非，只依先生“立志”二字点化人。若其人果能辨得此志来，决意要知此学，已是大段明白了；朱、陆虽不辨，彼自能觉得。又尝见朋友中见有人议先生之言者，辄为动气。昔在朱、陆二先生所以遗后世纷纷之议者，亦见二先生工夫有未纯熟，分明亦有动气之病。若明道则无此矣。观其与吴师礼论介甫之学云：“为我尽达诸介甫，不有益于他，必有益于我也。”气象何等从容！尝见先生与人书中亦引此言，愿朋友皆如此，如何？

此节议论得极是极是，愿道通遍以告于同志，各自且论自己是非，莫论朱、陆是非也。以言语谤人，其谤浅，若自己不能身体实践，而徒入耳出口，呶呶度日，是以身谤也，其谤深矣。凡今天下之论议我者，苟能取以为善，皆是砥砺切磋我也，则在我无非警惕修省进德之地矣。昔人谓攻吾之短者是吾师，师又可恶乎？

【原文·153】

来书云：有引程子“人生而静，以上不容说，才说性便已不是性。”何故不容说？何故不是性？晦庵答云：“不容说者，未有性之可言；不是性者，已不能无气质之杂矣。”二先生之言，皆未能晓，每看书至此，辄为一惑，请问。

“生之谓性”。[①]生字即是气字，犹言“气即是性”也。气即是性。“人生而静，以上不容说”，才说“气即是性”，即已落在一边，不是性之本原矣。孟子性善，是从本原上说。然性善之端，须在气上始见得，若无气亦无可见矣。恻隐、羞恶、辞让、是非即是气。程子谓“论性不论气，不备；论气不论性，不明。”亦是为学者各认一边，只得如此说。若见得自性明白时，气即是性，性即是气，原无性、气之可分也。

【注释】

①告子语。见《孟子·告子篇》。

答陆原静书一

【原文 · 154】

来书云：下手工夫，觉此心无时宁静，妄心固动也，照心亦动也；心既来恒动，则无刻暂停也。

是有意于求宁静，是以愈不宁静耳。夫妄心则动也，照心非动也。恒照则恒动恒静，天地之所以恒久而不已也。照心固照也，妄心亦照也。其为物不贰，则其生物不息，有刻暂停，则息矣，非至诚无息之学矣。

【原文 · 155】

来书云：良知亦有起处，云云。

此或听之未审。良知者，心之本体，即前所谓恒照者也。心之本体，无起无不起。虽妄念之发，而良知未尝不在，但人不知存，则有时而或放耳；虽昏塞之极，而良知未尝不明，但人不知察，则有时而或蔽耳。虽有时而或放，其体实未尝不在也，存之而已耳；虽有时而或蔽，其体实未尝不明也，察之而已耳。若谓良知亦有起处，则是有时而不在也，非其本体之谓矣。

【原文 · 156】

“精一”之“精”以理言，“精神”之“精”以气言。理者，气之条理；气者，理之运用。无条理则不能运用；无运用则亦无以见其所谓条理者矣。精则精，精则明，精则一，精则神，精则诚，一则精，一则明，一则神，一则诚，原非有二事也。但后世儒者之说与养生之说各滞于一偏，是以不相为用。前日“精一”之论，虽为原静爱养精神而发，然而作圣之功，实亦不外是矣。”

【原文 · 157】

来书云：元神、元气、元精必各有寄藏发生之处：又有真阴之精，真阳之气，云云。

夫良知一也，以其妙用而言谓之神，以其流行而言谓之气，以其凝聚而言谓之精，安可以形象方所求哉？真阴之精，即真阳之气之母，真阳之气，即真阴之精之父：阴根阳，阳根阴，亦非有二也。苟吾良知之说明，即凡若此类，皆可以不言而喻；不然，则如来书所云三关、七返、九还之属，[①]尚有无穷可疑者也。

【注释】

①《黄庭经》曰：“关塞三关握固停。”又曰：“三关之中

精气深。”注谓“关元之中，男子藏精之所也。”《云笈七谶》《大还秘契图》曰：“从寅至申为七返，欲至坤为九还。”

答陆原静书二

【原文·158】

来书云：良知，心之本体，即所谓性善也，未发之中也，寂然不动之体也，[①]廓然大公也，[②]何常人皆不能而必待于学邪？中也，寂也，公也，既以属心之体，则良知是矣。今验之于心，知无不良，而中、寂、大公实未有也，岂良知复超然于体用之外乎？

性无不善，故知无不良。良知即是未发之中，即是廓然大公、寂然不动之本体，人人之所同具者也。但不能不昏蔽于物欲，故须学以去其昏蔽；然于良知之本体，初不能有加损于毫末也。知无不良，而中、寂、大公未能全者，是昏蔽之未尽去，而存之未纯耳。体即良知之体，用即良知之用，宁复有超然于体、用之外者乎？

【注释】

①程颐云："心一也，有指体而言者，（文集注云：寂然不动是也。）有指用而言者，（文集注云：感而遂通天下之故是也。）惟观其所见何如耳。"注文"寂然不动"两语，出《易·系辞传》。

②程颢云："君子之学，莫若廓然而大公，物来而顺应。"

朱熹云："廓然而大公是寂然不动，物来而顺应是感而遂通。"

【原文·159】

来书云：周子曰"主静"，程子曰"动亦定，静亦定"，[①]先生曰"定者，心之本体"。是静定也，决非不睹不闻、无思无为之谓，必常知常存、常主于理之谓也。夫常知常存、常主于理，明是动也，已发也，何以谓之静？何以谓之本体？岂是静定也，又有以贯乎心之动静者邪？

理无动者也。常知常存、常主于理，即不睹不闻、无思无为之谓也。不睹不闻、无思无为，非槁木死灰之谓也；睹闻思为一于理，而未尝有所睹闻思为，即是动而未尝动也。所谓"动亦定，静亦定"，体用一原者也。

【注释】

①程颢语。

【原文·160】

来书云：此心未发之体，其在已发之前乎？其在已发之中而为之主乎？其无前后、内外而浑然之体者乎？今谓心之动、静者，其主有事、无事而言乎？其主寂然、感通而言乎？其主循理、从欲而言乎？若以循理为静，从欲为动，则于所谓"动中有静，静中有动，动极而静，静极而动"者，[①]不可通矣。若以有事而感通为动，无事而寂然为静，则于所谓"动而无动，静而无静"者，[②]

不可通矣。若谓未发在已发之先，静而生动，是至诚有息也，圣人有复也，又不可矣。若谓未发在已发之中，则不知未发、已发俱当主静乎？抑未发为静而已发为动乎？抑未发、已发俱无动无静乎？俱有动有静乎？幸教。

未发之中，即良知也，无前后内外，而浑然一体者也。有事、无事可以言动、静，而良知无分于有事、无事也；寂然、感通可以言动、静，而良知无分于寂然、感通也。动、静者，所遇之时；心之本体，固无分于动、静也。理无动者也，动即为欲。循理则虽酬酢万变，而未尝动也；从欲则虽槁心一念，而未尝静也。“动中有静，静中有动”，又何疑乎？有事而感通，固可以言动，然而寂然者未尝有增也；无事而寂然，固可以言静，然而感通者未尝有减也。“动而无动，静而无静”，又何疑乎？无前后内外而浑然一体，则至诚有息之疑，不待解矣。未发在已发之中，而已发之中未尝别有未发者在，已发在未发之中，而未发之中未尝别有已发者存：是未尝无动、静，而不可以动、静分者也。凡观古人言语，在以意逆志而得其大旨；若必拘滞于文义，则“靡有孑遗”者，是周果无遗民也。[③]周子“静极而动”之说，苟不善观，亦未免有病。盖其意从“太极动而生阳，静而生阴”说来。太极生生之理，妙用无息，而常体不易。太极之生生，即阴阳之生生。就其生生之中，指其妙用无息者而谓之动，谓之阳之生，非谓动而后生阳也；就其生生之中，指其常体不易者而谓之静，谓之阴之生，非谓静而后生阴也。若果静而后生阴，动而后生阳，则是阴阳、动静，截然各自为一物矣。阴阳一气也，一气屈伸而为阴阳；动静一理也，一理隐显而为动、静。春夏可以为阳、为动，而未尝无阴与静也；秋冬可以为阴、为静，而未尝无阳与动也。春夏此不息，秋冬此不息，皆可谓之阳、谓之动也；春夏此常体，秋冬此常体，皆可谓之阴、谓之静也。自元、会、运、世、岁、月、日、时以至刻、杪、忽、微，[4]莫不皆然。所谓动静无端，阴阳无始，在知道者默而识之，非可以言语穷也。若只牵文泥句，比拟仿像，则所谓心从法华转，非是转法华矣。

【注释】

①本周敦颐《太极图说》语。曰："无极而太极。太极动而生阳。动极而静。静而生阴。阴极复动。一动一静，互为其根，分阴分阳，两仪立焉。"

②周敦颐《通书·动静篇》中语。

③《诗·大雅·云汉》之篇言大旱云："周余黎民，靡有孑遗。"此固文辞之增饰也。

④古称三十岁为世，十二世为运，三十运为会，十二会为元。

【原文·161】

来书云：尝试于心，喜、怒、忧、惧之感发也，虽动气之极，而吾心良知一觉，即罔然消阻，或遏于初，或制于中，或悔于后。然则良知常若居优闲无事之地而为之主，于喜、怒、忧、惧若不与焉者，何欤？

知此，则知未发之中、寂然不动之体，而有发而中节之和、感而遂通之妙矣。然谓"良知常若居于优闲无事之地"，语尚有病。盖良知虽不滞于喜、怒、忧、惧，而喜、怒、忧、惧亦不外于良知也。

【原文·162】

来书云：夫子昨以良知为照心。窃谓良知心之本体也，照心人所用功，乃戒慎恐惧之心也。犹思也，而遂以戒慎恐惧为良知，何欤？

能戒慎恐惧者，是良知也。

【原文·163】

来书云：先生又曰："照心非动也。"岂以其循理而谓之静欤？"妄心亦照也。"岂以其良知未尝不在于其中、未尝不明于其中，而视听言动之不过则者，皆天理欤？且既曰妄心，则在妄心可谓之照，而在照心则谓之妄矣。妄与息何异？今假妄之照以续至诚之无息，窃所未明，幸再启蒙。

"照心非动"者，以其发于本体明觉之自然，而未尝有所动也；有所动即妄矣。"妄心亦照"者，以其本体明觉之自然者，未尝不在于其中，但有所动耳；无所动即照矣。无妄、无照，非以妄为照，以照为妄也。照心为照，妄心为妄，是犹有妄、有照也。有妄、有照，则犹贰也，贰则息矣。无妄、无照则不贰，不贰则不息矣。

【原文·164】

来书云：养生以清心寡欲为要。夫清心寡欲，作圣之功毕矣。然欲寡则心自清，清心非舍弃人事而独居求静之谓也；盖欲使此心纯乎天理，而无一毫人欲之私耳。今欲为此之功，而随人欲生而克之，则病根常在，未免灭于东而生于西。若欲刊剥洗荡于众欲未萌之先，则又无所用其力，徒使此心之不清。且欲未萌而搜剔以求去之，是犹引犬上堂而逐之也，愈不可矣。

必欲此心纯乎天理，而无一毫人欲之私，此作圣之功也。必欲此心纯乎天理，而无一毫人欲之私，非防于未萌之先而克于方萌之际不能也。防于未萌之先而克于方萌之际，此正《中庸》"戒慎恐惧"、《大学》"致知格物"之功；舍此之外，无别功矣。夫谓灭于东而生于西、引犬上堂而逐之者，是自私自利、将迎意必之为累，而非克治洗荡之为患也。今曰"养生以清心寡欲为要"，只养生二字，便是自私自利、将迎意必之根。有此病根潜伏于中，宜其有灭于东而生于西、引犬上堂而逐之之患也。

【原文·165】

来书云：佛氏于"不思善、不思恶，时认本来面目"，[①]于吾儒"随物而格"之功不同。吾若于不思善、不思恶时，用致知之功，则已涉于思善矣。欲善恶不思，而心之良知清静自在，惟有寐而方醒之时耳。斯正孟子"夜气"之说。但于斯光景不能久，倏忽之际，思虑已生。不知用功久者，其常寐初醒而思未起之时否乎？今澄欲求宁静，愈不宁静，欲念无生，则念愈生，如之何而能使此心前念易灭，后念不生，良知独显，而与造物者游乎？

"不思善、不思恶，时认本来面目。"此佛氏为未识本来面目者设此方便。本来面目即吾圣门所谓良知。今既认得良知明白，即已不消如此说矣。"随物而格"，是致知之功，即佛氏之"常惺惺”，[②]亦是常存他本来面目耳，体段工夫大略相似，但佛氏有个自私自利之心，所以便有不同耳。今欲善恶不思，而心之良知清静自在，此便有自私自利、将迎意必之心，所以有“不思善、不思恶时，用致知之功，则已涉于思善”之患。孟子说“夜气”，亦只是为失其良心之人指出个良心萌动处，使他从此培养将去。今已知得良知明白，常用致知之功，即已不消说“夜气”；却是得兔后不知守兔，而仍去守株，兔将复失之矣。欲求宁静，欲念无生，此正是自私自利、将迎意必之病，是以念愈生而愈不宁静。良知只是一个良知，而善恶自辨，更有何善何恶可思！良知之体本自宁静，今却又添一个求宁静，本自生生，今却又添一个欲无生，非独圣门致知之功不如此，虽佛氏之学亦未如此将迎意必也。只是一念良知，彻头彻尾，无始无终，即是前念不灭，后念不生；今却欲前念易灭，而后念不生，是佛氏所谓断灭种性，入于槁木死灰之谓矣。[③]

【注释】

①言于善恶均不故意置思，既不力持趋善，亦不心存避恶；惟任其自然，内观心之本体也。见《传灯录》。

②惺惺，警觉也。“常惺惺”，言时时警觉，与所谓“必有事焉”之意相近。

③种性，言心录之明觉也。并此而断灭之，自入于槁木死灰矣。

【原文·166】

来书云：佛氏又有常提念头之说，其犹孟子所谓“必有事”，夫子所谓“致良知”之说乎？其即“常惺惺，常记得，常知得，常存得”者乎？于此念头提在之时，而事至物来，应之必有其道。但恐此念头提起时少，放下时多，则工夫间断耳。且念头放失，多因私欲客气之动而始，忽然惊醒而后提，其放而未提之间心之昏杂多不自觉，今欲日精日明，常提不放，以何道乎？只此常提不放，即全功乎？抑于常提不放之中，更宜加省克之功乎？虽曰常提不放，而不加戒惧克治之功，恐私欲不去；若加戒惧克治之功焉，又为“思善”之事，而于“本来面目”又未达一间也。如之何则可？

戒惧克治即是常提不放之功，即是“必有事焉”，岂有两事邪！此节所问，前一段已自说得分晓，末后却是自生迷惑，说得支离，及有“‘本来面目’未达一间”之疑，都是自私自利、将迎意必之为病，去此病自无此疑矣。

【原文·167】

来书云：质美者明得尽，查滓便浑化。如何谓明得尽？如何而能便浑化？

良知本来自明。气质不美者，查滓多，障蔽厚，不易开明；质美者，查滓原少，无多障蔽，略加致知之功，此良知便自莹彻，些少查滓，如汤中浮雪，如何能作障蔽。此本不甚难晓，原静所以致疑于此，想是因一“明”字不明白，亦是稍有欲速之心。向曾面论明善之义，“明则诚矣”，非若后儒所谓明善之浅也。

【原文·168】

来书云：聪明睿知果质乎？仁义礼智果性乎？喜怒哀乐果情乎？私欲客气果一物乎？二物乎？古之英才，若子房、仲舒、叔度、孔明、文中、韩、范诸公，[①]德业表著，皆良知中所发也，而不得谓之闻道者，果何在乎？苟曰此特生质之美耳，则生知、安行者，不愈于学知、困勉者乎？愚意窃云谓诸公见道偏则可，谓全无闻则恐后儒崇尚记诵训诂之过也。然乎否乎？

性一而已。仁、义、礼、知，性之性也，聪、明、睿、知，性之质也，喜、怒、哀、乐，性之情也，私欲、客气，性之蔽也：质有清浊，故情有过不及，而蔽有浅深也；私欲、客气，一病两痛，非二物也。张、黄、诸葛及韩、范诸公，皆天质之美，自多暗合道妙，虽未可尽谓之知学，尽谓之闻道，然亦自其有学，违道不远者也；使其闻学知道，即伊、傅、周、召矣。若文中子则又不可谓之不知学者，其书虽多出于其徒，亦多有未是处，然其大略则亦居然可见，但今相去辽远，无有的然凭证，不可悬断其所至矣。夫良知即是道。良知之在人心，不但圣贤，虽常人亦无不如此，若无有物欲牵蔽，但循著良知发用流行将去，即无不是道；但在常人多为物欲牵蔽，不能循得良知。如数公者，天质既自清明，自少物欲为之牵蔽，则其良知之发用流行处，自然是多，自然违道不远。学者学循此良知而已。谓之知学，只是知得专在学循良知。数公虽未知专在良知上用功，而或泛滥于多岐，疑迷于影响，是以或离或合而未纯；若知得时，便是圣人矣。后儒尝以数子者，尚皆是气质用事，未免于行不著，习不察：此亦未为过论。但后儒之所谓著、察者，亦是狃于闻见之狭，蔽于沿习之非，而依拟仿象于影响形迹之间，尚非圣门之所谓著、察者也。则亦安得以己之昏昏，而求人之昭昭也乎？所谓生知、安行，知、行二字，亦是就用功上说；若是知、行本体即是良知、良能，虽在困勉之人，亦皆可谓之生知、安行矣。知、行二字更宜精察。

【注释】

①汉张良、董仲舒、黄宪、蜀诸葛亮、隋王通、宋韩琦、范仲淹也。

【原文·169】

来书云：昔周茂叔每令伯淳寻仲尼、颜子乐处。[①]敢问是乐也，与七情之乐同乎、否乎？若同，则常人之一遂所欲，皆能乐矣，何必圣贤？若别有真乐，则圣贤之遇大忧、大怒、大惊、大惧之事，此乐亦在否乎？且君子之心常存戒惧，是盖终身之忧也，恶得乐？澄平生多闷，未尝见真乐之趣，今切愿寻之。

乐是心之本体，虽不同于七情之乐，而亦不外于七情之乐；虽则圣贤别有真乐，而亦常人之所同有，但常人有之而不自知，反自求许多忧苦，自加迷弃。虽在忧苦迷弃之中，而此乐又未尝不存，但一念开明，反身而诚，则即此而在矣。每与原静论，无非此意，而原静尚有“何道可得”之问，是犹未免于骑驴觅驴之蔽也。

【注释】

①程颢曰：“昔受学于周茂叔，每令寻仲尼、颜子乐处，所乐何事。”

【原文 · 170】

来书云：《大学》以“心有好乐、忿懥、忧患、恐惧”为“不得其正”，而程子亦谓“圣人情顺万事而无情①”。所谓有者，《传习录》中以病疟譬之，极精切矣；若程子之言，则是圣人之情不生于心而生于物也，何谓耶？且事感而情应，则是是非非可以就格；事或未感时，谓之有则未形也，谓之无则病根在有无之间，何以致吾知乎？学务无情，累虽轻，而出儒入佛矣，可乎？

圣人致知之功，至诚无息；其良知之体，皎如明镜，略无纤翳，妍媸之来，随物见形，而明镜曾无留染：所谓“情顺万事而无情”也。‘无所住而生其心’，②佛氏曾有是言，未为非也。明镜之应物，妍者妍，媸者媸，一照而皆真，即是生其心处；妍者妍，媸者媸，一过而不留，即是无所住处。病疟之喻，既已见其精切，则此节所问可以释然。病疟之人，疟虽未发，而病根自在，则亦安可以其疟之未发而遂忘其服药调理之功乎？若必待疟发而后服药调理，则既晚矣。致知之功，无间于有事、无事，而岂论于病之已发、未发邪？大抵原静所疑，前后虽若不一，然皆起于自私自利、将迎意必之为祟；此根一去，则前后所疑，自将冰消雾释，有不待于问辨者矣。

【注释】

①其语曰：“夫天地之常，以其心普万物而无心；圣人之常，以其情顺万物而无情。”

②言心地明澈，应物洞然，无不偏知；却又无所执著，不为外物所黏滞也。

钱德洪跋

【原文·171】

答原静书出，读者皆喜澄善问师善答，皆得闻所未闻。师曰：“原静所问只是知解上转，不得已与之逐节分疏；若信得良知，只在良知上用工，虽千经万典无不吻合，异端曲学一勘尽破矣，何必如此节节分解！佛家有‘扑人逐块’之喻，①见块扑人，则得人矣，见块逐块，于块奚得哉？”在座诸友闻之，惕然皆有惺悟。此学贵反求，非知解可人也。

【注释】

①《五灯会元》曰：“直须狮子咬人，莫学韩卢逐兔。”喻用工夫须著力于精要处也。

答欧阳崇一

【原文·172】

崇一来书云：师云：“德性之良知，非由于闻见，若曰‘多闻择其善者而从之，多见而识之’，则是专求之见闻之末，而已落在第二义。”窃意良知虽不由见闻而有，然学者之知，未尝不由见闻而发；滞于见闻固非，而见闻亦良知之用也：今曰“落在第二义”，恐为专以见闻为学者而言，若致其良知而求之见闻，似亦知、行合一之功矣。如何？

良知不由见闻而有，而见闻莫非良知之用；故良知不滞于见闻，而亦不离于见闻。孔子云：“吾有知乎哉？无知也。”①良知之外，别无知矣。故“致良知”是学问大头脑，是圣人教人第一义。今云专求之见闻之末，则是失却头脑，而已落在第二义矣。近时同志中，盖已莫不知有“致良知”之说，然其功夫尚多鹘突者，正是欠此一问。大抵学问功夫只要主意头脑是当；若主意头脑专以“致良知”为事，则凡多闻、多见，莫非“致良知”之功。盖日用之间，见闻酬酢，虽千头万绪，莫非良知之发用流行；除却见闻酬酢，亦无良知可致矣，故只是一事。若曰致其良知而求之见闻，则语意之间未免为二。此与专求之见闻之末者虽稍不同，其为未得精一之旨，则一而已。“多闻择其善者而从之，多见而识之”。既云择，又云识，其良知亦未尝不行于其间；但其用意乃专在多闻多见上去择、识，则已失却头脑矣。崇一于此等处见得当已分晓，今日之问，正为发明此学，于同志中极有益；但语意未莹，则毫厘千里，亦不容不精察之也。

【注释】

①见《论语·子罕篇》。

【原文·173】

来书云：师云：“《系》言‘何思何虑’，是言所思所虑只是天理，更无别思别虑耳，非谓无思无虑也。心之本体即是天理，有何可思虑得！学者用功，虽千思万虑，只是要复他本体，不是以私意去安排思索出来；若安排思索，便是自私用智矣。”学者之敝，大率非沈空守寂，则安排思索。德辛壬之岁著前一病，近又著后一病。但思索亦是良知发用，并与私意安排者何所取别？恐认贼作子，惑而不知也。

“思曰睿，睿作圣。”①“心之官则思，思则得之。”②思其可少乎？沈空守寂，与安排思索，正是自私用智，其为丧失良知一也。良知是天理之昭明灵觉处，故良知即是天理，思是良知之发用。若是良知发用之思，则所思莫非天理矣。良知发用之思，自然明白简易，良知亦自能知得。若是私意安排之思，自是纷纭劳扰，良知亦自会分别得。盖思之是非邪正，良知无有不自知者。所以认贼作子，正为致知之学不明，不知在良知上体认之耳。

【注释】

①见《周书·洪范篇》。

②孟子语，见《孟子·告子篇》。

【原文·174】

来书又云：师云："为学终身只是一事，不论有事无事，只是这一件。若说宁不了事，不可不加培养，却是分为两事也。"窃意觉精力衰弱，不足以终事者，良知也。宁不了事，且加休养，致知也。如何却为两事？若事变之来，有事势不容不了而精力虽衰，稍鼓舞亦能支持，则持志以帅气可矣。[①]然言动终无气力，毕事则困惫已甚，不几于暴其气已乎？此其轻重缓急，良知固未尝不知，然或迫于事势，安能顾精力？或困于精力，安能顾事势？如之何则可？

"宁不了事，不可不加培养之"意，且与初学如此说，亦不为无益。但作两事看了，便有病痛。在孟子言必有事焉，则君子之学终身只是"集义"一事。义者，宜也，心得其宜之谓义。能致良知则心得其宜矣，故"集义"亦只是致良知。君子之酬酢万变，当行则行，当止则止，当生则生，当死则死，斟酌调停，无非是致其良知，以求自慊而已。故"君子素其位而行"，"思不出其位"。凡谋其力之所不及，而强其知之所不能者，皆不得为致良知；而凡"劳其筋骨，饿其体肤，空乏其身，行拂乱其所为，动心忍性以增益其所不能"者，[②]皆所以致其良知也。若云宁不了事，不可不加培养者，亦是先有功利之心，较计成败利钝而爱憎取舍于其间，是以将了事自作一事，而培养又别作一事，此便有是内、非外之意，便是自私用智，便是“义外”，便有“不得于心勿求于气”之病，便不是致良知以求自慊之功矣。所云“鼓舞支持，毕事则困惫已甚”，又云“迫于事势，困于精力”，皆是把作两事做了，所以有此。凡学问之功，一则诚，二则伪。凡此皆是致良知之意，欠诚一真切之故。《大学》言“诚其意者，如恶恶臭，如好好色，此之谓自慊。”曾见有恶恶臭，好好色，而须鼓舞支持者乎？曾见毕事则困惫已甚者乎？曾有迫于事势，困于精力者乎？此可以知其受病之所从来矣。

【注释】

①孟子告公孙丑云：“告子曰：‘不得于言，勿求于心，不得于心，勿求于气。’不得于心，勿求于气，可；不得于言，勿求于心，不可。夫志，气之帅也，气，体之充也；夫志至焉，气次焉；故曰，持其志无暴其气。”见《孟子·公孙丑篇》。

②本孟子语，见《孟子·告子篇》。

【原文·175】

来书又有云：人情机诈百出，御之以不疑，往往为所欺，觉则自入于逆、亿。[①]夫逆诈，即诈也，亿不信，即非信也，为人欺，又非觉也；不逆、不亿而常先觉，其惟良知莹彻乎。然而出入毫忽之间，背觉合诈者多矣。

不逆、不亿而先觉，此孔子因当时人专以逆诈、亿不信为心，而自陷于诈与不信，又有不逆、不亿者，然不知致良知之功，而往往又为人所欺诈，故有是言；非教人以是存心，而专欲先觉人之诈与不信也。以是存心，即是后世猜忌险薄者之事；而只此一念，已不可与入尧、舜之道矣。不逆、不亿而为人所欺者，尚亦不失为善；但不如能致其良知，而自然先觉者之尤为贤耳。崇一谓“其惟良知莹彻”者，盖已得其旨矣。然亦颖悟所及，恐未实际也。盖良知之在人心，亘万古、塞宇宙而无不同；不虑而知，恒易以知险，不学而能，恒简以知阻；“先天而天不违，天且不违，而况于人乎？况于鬼神乎？”[②]夫谓背觉合诈者，是虽不逆人而或未能无自欺也，虽不亿人而或未能果自信也，是或常有求先觉之心，而未能常自觉也。常有求先觉之心，即已流于逆、亿而足以自蔽其良知矣，此背觉合诈之所以未免也。君子学以为己：未尝虞人之欺己也，恒不自欺其良知而已；未尝虞人之不信己也，恒自信其良知而已；未尝求先觉人之诈与不信也，恒务自觉其良知而已。是故不欺则良知无所伪而诚，诚则明矣；自信则良知无所惑而明，明则诚矣。明、诚相生，是故良知常觉、常照；常觉、常照则如明镜之悬，而物之来者自不能遁其妍媸矣。何者？不欺而诚，则无所容其欺，苟有欺焉而觉矣；自信而明，则无所容其不信，苟不信焉而觉矣。是谓易以知险，简以知阻，子思所谓“至诚如神，可以前知”者也。[③]然了思谓“如神”，谓“可以前知”，犹二而言之，是盖推言思诚者之功效，是犹为不能先觉者说也；若就至诚而言，则至诚之妙用，即谓之“神”，不必言“如神”，至诚则“无知而无不知”，不必言“可以前知”矣。

【注释】

①《论语·宪问篇》云：“‘子曰：‘不逆诈，不亿不信，抑亦先觉者，是贤乎！’”逆诈，言料度人之欺己也。亿不信，言意想人之疑己也。先觉，言于人之情伪自然觉知也。

②《易·乾卦·文言》。

③《中庸》云："至诚之道，可以前知。……祸福将至，善，必先知之，不善，必先知之。故至诚如神。"

答罗整庵少宰书

【原文·176】

某顿首启：昨承教及《大学》，发舟匆匆，未能奉答。晓来江行稍暇，复取手教而读之。恐至赣后人事复纷沓，先具其略以请。来教云："见道固难，而体道尤难。道诚未易明，而学诚不可不讲：恐未可安于所见而遂以为极则也。"幸甚幸甚！何以得闻斯言乎？其敢自以为极则而安之乎？正思就天下之有道以讲明之耳。而数年以来，闻其说而非笑之者有矣，诟訾之者有矣，置之不足较量辨议之者有矣，其肯遂以教我乎？其肯遂以教我，而反覆晓谕，恻然惟恐不及救正之乎？然则天下之爱我者，固莫有如执事之心深且至矣，感激当何如哉！夫"德之不修，学之不讲"，孔子以为忧。[①]而世之学者稍能传习训诂，即皆自以为知学，不复有所谓讲学之求，可悲矣！夫道必体而后见，非已见道而后加体道之功也；道必学而后明，非外讲学而复有所谓明道之事也。然世之讲学者有二，有讲之以身心者，有讲之以口耳者。讲之以口耳，揣摸测度，求之影响者也；讲之以身心，行著习察，实有诸己者也。知此，则知孔门之学矣。来教谓某"《大学》古本之复，以人之为学但当求之于内，而程、朱‘格物’之说不免求之于外，遂去朱子之分章，而削其所补之传。”非敢然也。学岂有内外乎？《大学》古本乃孔门相传旧本耳。朱子疑其有所脱误而改正补缉之，在某则谓其本无脱误，悉从其旧而已矣。失在于过信孔子则有之，非故去朱子之分章而削其传也。夫学贵得之心，求之于心而非也，虽其言之出于孔子，不敢以为是也，而况其未及孔子者乎？求之于心而是也，虽其言之出于庸常，不敢以为非也，而况其出于孔子者乎？且旧本之传数千载矣，今读其文词，既明白而可通，论其工夫，又易简而可入：亦何所按据而断其此段之必在于彼，彼段之必在于此，与此之如何而缺，彼之如何而补？而遂改正补缉之，无乃重于背朱而轻于叛孔已乎？来教谓“如必以学不资于外求，但当反观、内省以为务，则‘正心诚意’四字亦何不尽之有，何必于入门之际，便困以‘格物’一段工夫也？”诚然诚然！若语其要，则“修身”二字亦足矣，何必又言“正心”？“正心”二字亦足矣，何必又言“诚意”？“诚意”二字亦足矣，何必又言“致知”，又言“格物”？惟其工夫之详密，而要之只是一事，此所以为“精一”之学，此正不可不思者也。夫理无内外，性无内外，故学无内外。讲习、讨论，未尝非内也；反观、内省，未尝遗外也。夫谓学必资于外求，是以己性为有外也，是“义外”也，用智者也；谓反观、内省为求之于内，是以己性为有内也，是有我也，自私者也：是皆不知性之无内外也。故曰：“精义入神，以致用也；利用安身，以崇德也”；[②]“性之德也，合内外之道也。”[③]此可以知“格物”之学矣。“格物”者，《大学》之实下手处，彻首彻尾，自始学至圣人，只此工夫而已，非但入门之际有此一段也。夫“正心”、“诚意”、“致知”、“格物”，皆所以“修身”；而“格物”者，其所用力，日可见之地。故“格物”者，格其心之物也，格其意之物也，格其知之物也；“正心”者，正其物之心也；“诚意”者，诚其物之意也；“致知”者，致其物之知也。此岂有内外、彼此之分哉？理一而已：以其理之凝聚而言则谓之“性”，以其凝聚之主宰而言则谓之“心”，以其主宰之发动而言则谓之“意”，以其发动之明觉而言则谓之“知”，以其明觉之感应而言则谓之“物”；故就物而言谓之“格”，就知而言谓之“致”，就意而言谓之“诚”，就心而言谓之“正”。正者，正此也；诚者，诚此也；致者，致此也；格者，格此也。皆所谓穷理以尽性也。天下无性外之理，无性外之物。学之不明，皆由世之儒者认理为外，认物为外，而不知“义外”之说，孟子盖尝辟之，乃至袭陷其内而不觉，岂非亦有似是而难明者欤？不可以不察也！凡执事所以致疑于“格物”之说者，必谓其是内而非外也，必谓其专事于反观、内省之为，而遗弃其讲习、讨论之功也，必谓其一意于纲领、本原之约，而脱略于支条、节目之详也，必谓其沈溺于枯槁、虚寂之偏，而不尽于物理、人事之变也。审如是，岂但获罪于圣门，获罪于朱子，是邪说诬民，叛道乱正，人得而诛之也；而况于执事之正直哉？审如是，世之稍明训诂，闻先哲之绪论者，皆知其非也；而况执事之高明哉？凡某之所谓“格物”，其于朱子九条之说，皆包罗统括于其中；但为之有要，作用不同，正所谓毫厘之差耳。然毫厘之差，而千里之缪，实起于此，不可不辨。孟子辟杨、墨，至于“无父、无君”。④二子亦当时之贤者，使与孟子并世而生，未必不以之为贤。墨子兼爱，行仁而过耳，杨子为我，行义而过耳，此其为说亦岂灭理乱常之甚，而足以眩天下哉？而其流之弊，孟子至比于禽兽、夷狄，所谓以学术杀天下后世也。今世学术之弊，其谓之学仁而过者乎？谓之学义而过者乎？抑谓之学不仁、不义而过者乎？吾不知其于洪水、猛兽何如也。孟子云：“予岂好辨哉？予不得已也。”[⑤]杨、墨之道塞天下。孟子之时，天下之尊信杨、墨，当不下于今日之崇尚朱说；而孟子独以一人呶呶于其间，噫，可哀矣！韩氏云：“佛、老之害甚于杨、墨。”韩愈之贤不及孟子，孟子不能救之于未坏之先，而韩愈乃欲全之于已坏之后，其亦不量其力，且见其身之危，莫之救以死也。呜呼，若某者，其尤不量其力，果见其身之危，莫之救以死也矣！夫众方嘻嘻之中，而独出涕嗟若，举世恬然以趋，而独疾首蹙额以为忧，此其非病狂丧心，殆必诚有大苦者隐于其中，而非天下之至仁，其孰能察之。其为“朱子晚年定论”，盖亦不得已而然。中间年岁早晚，诚有所未考，虽不必尽出于晚年，固多出于晚年者矣。然大意在委曲调停，以明此学为重。平生于朱子之说，如神明蓍龟，一旦与之背驰，心诚有所未忍，故不得已而为此。“知我者谓我心忧，不知我者谓我何求。”[⑥]盖不忍抵牾朱子者，其本心也；不得已而与之抵牾者，道固如是，不直则道不见也。执事所谓“决与朱子异”者，仆敢自欺其心哉？夫道，天下之公道也，学，天下之公学也，非朱子可得而私也，非孔子可得而私也，天下之公也，公言之而已矣。故言之而是，虽异于己，乃益于己也；言之而非，虽同于己，适损于己也。益于己者，己必喜之；损于己者，己必恶之。然则某今日之论，虽或于朱子异，未必非其所喜也。君子之过，如日月之食，其更也，人皆仰之；而小人之过也必文。某虽不肖，固不敢以小人之心事朱子也。执事所以教，反覆数百言，皆以未悉鄙人“格物”之说；若鄙说一明，则此数百言皆可以不待辨说而释然无滞，故今不敢缕缕，以滋琐屑之渎。然鄙说非面陈口析，断亦未能了了于纸笔间也。嗟乎！执事所以开导启迪于我者，可谓恳到详切矣，人之爱我，宁有如执事者乎！仆虽甚愚下，宁不知所感刻佩服；然而不敢遽舍其中心之诚然而姑以听受云者，正不敢有负于深爱，亦思有以报之耳。秋尽东还，必求一面，以卒所请，千万终教！

【注释】

①《论语·述而篇》云：“子曰：‘德之不修，学之不讲，闻义不能徙，不善不能改，是吾忧也。’”

②《易·系辞传》语。

③《中庸》语。

④孟子曰：“杨氏为我，是无君也。墨氏兼爱，是无父也。无父，无君，是禽兽也。”见《孟子·滕文公篇》。

⑤亦见《滕文公篇》。

⑥《诗·王风·黍离篇》语。

答聂文蔚一

【原文·177】

春闲远劳迂途，枉顾问证，惓惓此情，何可当也！已期二三同志，更处静地，扳留旬日，少效其鄙见，以求切劘之益；而公期俗绊，势有不能，别去极怏怏如有所失。忽承笺惠，反覆千余言，读之无甚浣慰。中间推许太过，盖亦奖掖之盛心，而规砺真切，思欲纳之于贤圣之域，又托诸崇一以致其勤勤恳恳之怀，此非深交笃爱，何以及是；知感知媿，且惧其无以堪之也。虽然，仆亦何敢不自鞭勉，而徒以感媿辞让为乎哉！其谓“思、孟、周、程无意相遭于千载之下，与其尽信于天下，不若真信于一人；道固自在，学亦自在，天下信之不为多，一人信之不为少”者，斯固君子“不见是而无闷”之心，[①]岂世之谫谫屑屑者知足以及之乎！乃仆之情，则有大不得已者存乎其间，而非以计人之信与不信也。夫人者，天地之心，天地万物本吾一体者也。生民之困苦荼毒，孰非疾痛之切于吾身者乎？不知吾身之疾痛，无是非之心者也。是非之心，不虑而知，不学而能，所谓“良知”也。良知之在人心，无间于圣愚，天下古今之所同也。世之君子惟务致其良知，则自能公是非，同好恶，视人犹己，视国犹家，而以天地万物为一体，求天下无治，不可得矣。古之人所以能见善不啻若己出，见恶不啻若己入，视民之饥溺犹己之饥溺，而一夫不获若己推而纳诸沟中者，非故为是而以蕲天下之信己也，务致其良知求自慊而已矣。尧、舜、三王之圣，言而民莫不信者，致其良知而言之也；行而民莫不说者，致其良知而行之也。是以其民熙熙皞皞，杀之不怨，利之不庸，施及蛮貊，而凡有血气者莫不尊亲；为其良知之同也。鸣呼，圣人之治天下，何其简且易哉！后世良知之学不明，天下之人用其私智以相比轧，是以人各有心，而偏琐僻陋之见，狡伪阴邪之术，至于不可胜说；外假仁义之名，而内以行其自私自利之实，诡辞以阿俗，矫行以干誉；掩人之善而袭以为己长，讦人之私而窃以为己直；忿以相胜而犹谓之徇义，险以相倾而犹谓之疾恶；妒贤忌能而犹自以为公是非，恣情纵欲而犹自以为同好恶；相陵相贼，自其一家骨肉之亲，已不能无尔我胜负之意、彼此藩篱之形，而况于天下之大，民物之众，又何能一体而视之，则无怪于纷纷籍籍而祸乱相寻于无穷矣。仆诚赖天之灵，偶有见于良知之学，以为必由此而后天下可得而治。是以每念斯民之陷溺，则为之戚然痛心，忘其身之不肖，而思以此救之，亦不自知其量者。天下之人见其若是，遂相与非笑而诋斥之，以为是病狂丧心之人耳。鸣呼，是奚足恤哉！吾方疾痛之切体，而暇计人之非笑乎？人固有见其父子兄弟之坠溺于深渊者，呼号匍匐，裸跣颠顿，扳悬崖壁而下拯之。士之见者，方相与揖让谈笑于其傍，以为是弃其礼貌衣冠而呼号颠顿若此，是病狂丧心者也。故夫揖让谈笑于溺人之傍而不知救，此惟行路之人，无亲戚骨肉之情者能之，然已谓之无恻隐之心非人矣；若夫在父子兄弟之爱者，则固未有不痛心疾首，狂奔尽气，匍匐而拯之，彼将陷溺之祸有不顾，而况于病狂丧心之讥乎？而又况于蕲人之信与不信乎？呜呼！今之人虽谓仆为病狂丧心之人，亦无不可矣。天下之人心，皆吾之心也。天下之人犹有病狂者矣，吾安得而非病狂乎！犹有丧心者矣，吾安得而非丧心乎！昔者孔子之在当时，有议其为谄者，[②]有讥其为佞者，[③]有毁其未贤，诋其为不知礼，而侮之以为东家丘者，[④]有嫉而沮之者，[⑤]有恶而欲杀之者，[⑥]晨门、荷蒉之徒，皆当时之贤士，且曰“是知其不可而为之者欤？”“鄙哉硁硁乎！莫己知也，斯已而已矣。”[⑦]虽子路在升堂之列，尚不能无疑于其所见，不悦于其所欲往，而且以之为迂；[⑧]则当时之不信夫子者，岂特十之二三而已乎？然而夫子汲汲遑遑，若求亡子于道路，而不暇于暖席者，宁以蕲人之知我、信我而已哉？盖其天地万物一体之仁，疾痛迫切，虽欲已之而自有所不容已，故其言曰：“吾非斯人之徒与而谁与？”[⑨]“欲洁其身而乱大伦。”[⑩]“果哉，末之难矣！”[⑪]呜呼，此非诚以天地万物为一体者，孰能以知夫子之心乎？若其遁世无闷，乐天知命者，则固无入而不自得，道并行而不相悖也。仆之不肖，何敢以夫子之道为己任；顾其心亦已稍知疾痛之在身，是以徬徨四顾，将求其有助于我者，相与讲去其病耳。今诚得豪杰同志之士，扶持匡翼，共明良知之学于天下，使天下之人皆知自致其良知，以相安相养，去其自私自利之蔽，一洗谗妒胜忿之习，以济于大同，则仆之狂病固将脱然以愈，而终免于丧心之患矣，岂不快哉？嗟乎，今诚欲求豪杰同志之士于天下，非如吾文蔚者，而谁望之乎？如吾文蔚之才与志，诚足以援天下之溺者，今又既知其具之在我，而无假于外求矣，循是而充，若决河注海，孰得而御哉？文蔚所谓一人信之不为少，其又能逊以委之何人乎？会稽素处山水之区，深林长谷，信步皆是，寒暑晦明，无时不宜，安居饱食，尘嚣无扰，良朋四集，道义日新，优哉游哉，天地之间宁复有乐于是者？孔子云：“不怨天，不尤人，下学而上达。”⑫仆与二三同志方将请事斯语，奚暇外慕？独其切肤之痛，乃有未能恝然者，辄复云云尔。咳疾暑毒，书札绝懒，盛使远来，迟留经月，临歧执笔，又不觉累纸，盖于相知之深，虽已缕缕至此，殊觉有所未能尽也。

【注释】

①《易·乾卦·文言》语。言举世皆非，虽不见善，而心无所闷。此盖由所以自守者，确乎其不可拔也。

②《论语·八佾篇》云：“子曰：‘事君尽礼，人以为谄也。’”

③《论语·宪问篇》云：“微生亩谓孔子曰：‘丘何为是栖栖者与？无乃为佞乎？’”

④孔子西家有愚夫，不知孔子为圣人，乃曰彼东家丘。见《孔子家语》。

⑤孔子在鲁，由大司寇行摄相事。齐人闻而惧，谋致地焉。黎锄曰：“请先尝沮之。沮之而不可，则致地，庸迟乎？”于是齐人馈女乐。鲁君乐之，怠于政事。孔子遂去。

⑥孔子去曹适宋，与弟子习礼大树下。宋司马桓魋欲杀孔子，拔其树。孔子去。弟子曰：“可以速矣！”孔子曰：“天生德于予，桓魋其如予何？”

⑦《论语·宪问篇》云：“子路宿于石门，晨门曰：‘奚自？’子路曰：‘自孔氏。’曰：‘是知其不可而为之者与？’”又“子击磬于卫，有荷蒉而过孔氏之门者，曰：‘有心哉，击磬乎！’既而曰：‘鄙哉！硁硁乎……’”晨门，掌晨启门者也。

⑧《论语·雍也篇》云：“子见南子，子路不悦。夫子矢之曰：‘予所否者，天厌之！天厌之！’”南子，卫灵公之夫人，有淫行，

故子路不悦孔子之往见也。

⑨孔子使子路问津于长沮、桀溺。二人讽之而不告。孔子感而有此叹。见《论语·微子篇》。斯人，言天下之人也。

⑩子路遇荷蓧丈人，丈人讽其不事农业而为周游。子路因述孔子之意，以为长幼之节，君臣之义，均不可废，否则即为洁身乱伦。见《论语·微子篇》。

⑪此语盖对荷蒉者之言而发。果，言其决心遗世也。

⑫见《论语·宪问篇》。

答聂文蔚二

【原文·178】

得书，见近来所学之骤进，喜慰不可言。谛视数过，其间虽亦有一二未莹彻处，却是致良知之功尚未纯熟，到纯熟时自无此矣；譬之驱车，既已由于康庄大道之中，或时横斜迂曲者，乃马性未调，衔勒不齐之故，然已只在康庄大道中，决不赚入傍蹊曲径矣。近时海内同志，到此地位者曾未多见，喜慰不可言，斯道之幸也！贱躯旧有咳嗽畏热之病，近入炎方，辄复大作。主上圣明洞察，责付甚重，不敢遽辞；地方军务冗沓，皆舆疾从事。今却幸已平定，已具本乞回养病，得在林下稍就清凉，或可瘳耳。人还，伏枕草草，不尽倾企。外惟浚①一简，幸达致之。

来书所询，草草奉复一二：近岁来山中讲学者，往往多说“勿忘、勿助”工夫甚难。问之，则云才著意便是助，才不著意便是忘，所以甚难。区区因问之云：“忘是忘个甚么？助是助个甚么？”其人默然无对，始请问。区区因与说，我此间讲学，却只说个“必有事焉”，不说“勿忘、勿助”。“必有事焉”者只是时时去“集义”。若时时去用“必有事”的工夫，而或有时间断，此便是忘了，即须“勿忘”；时时去用“必有事”的工夫，而或有时欲速求效，此便是助了，即须“勿助”。其工夫全在“必有事焉”上用；“勿忘、勿助”，只就其间提撕警觉而已。若是工夫原不间断，即不须更说“勿忘”；原不欲速求效，即不须更说“勿助”。此其工夫何等明白简易！何等洒脱自在！今却不去“必有事”上用工，而乃悬空守著一个“勿忘、勿助”，此正如烧锅煮饭，锅内不曾渍水下米，而乃专去添柴放火，不知毕竟煮出个甚么物来！吾恐火候未及调停，而锅已先破裂矣。近日一种专在“勿忘、勿助”上用工者，其病正是如此。终日悬空去做个“勿忘”，又悬空去做个“勿助”，奔奔荡荡，全无实落下手处，究竟工夫，只做得个沈空守寂，学成一个痴骙汉，才遇些子事来，即便牵滞纷扰，不复能经纶宰制。此皆有志之士，而乃使之劳苦缠缚，担阁一生，皆由学术误人之故，甚可悯矣！夫“必有事焉”只是“集义”，“集义”只是“致良知”。说“集义”则一时未见头脑，说“致良知”即当下便有实地步可用工。故区区专说“致良知”。随时就事上致其良知，便是“格物”；著实去致良知，便是“诚意”；著实致其良知，而无一毫意必固我，便是“正心”。著实致良知，则自无忘之病：无一毫意必固我，则自无助之病。故说“格、致、诚、正”，则不必更说个“忘、助”。孟子说“忘、助”，亦就告子得病处立方。告子强制其心，是助的病痛，故孟子专说助长之害。告子助长，亦是他以义为外，不知就自心上“集义”，在“必有事焉”上用功，是以如此。若时时刻刻就自心上“集义”，则良知之体洞然明白，自然是是非非纤毫莫遁，又焉有“不得于言，勿求于心，不得于心，勿求于气”之弊乎？孟子“集义”“养气”之说，固大有功于后学，然亦是因病立方，说得大段，不若《大学》“格、致、诚、正”之功，尤极精一简易，为彻上彻下，万世无弊者也。圣贤论学，多是随时就事，虽言若人殊，而要其工夫头脑，若合符节。缘天地之间，原只有此性，只有此理，只有此良知，只有此一件事耳。故凡就古人论学处说工夫，更不必搀和兼搭而说，自然无不吻合贯通者；才须搀和兼搭而说，即是自己工夫未明彻也。近时有谓“集义”之功，必须兼搭个“致良知”而后备者，则是“集义”之功尚未了彻也；“集义”之功尚未了彻，适足以为“致良知”之累而已矣。谓“致良知”之功，必须兼搭一个“勿忘、勿助”而后明者，则是“致良知”之功尚未了彻也；“致良知”之功尚未了彻，适足以为“勿忘、勿助”之累而已矣。若此者，皆是就文义上解释牵附，以求混融凑泊，而不曾就自己实工夫上体验，是以论之愈精，而去之愈远。文蔚之论，其于大本达道既已沛然无疑，至于“致知”“穷理”及“忘、助”等说，时亦有搀和兼搭处，却是区区所谓康庄大道之中，或时横斜迂曲者，到得工夫熟后，自将释然矣。文蔚谓“致知”之说，求之事亲、从兄之间，便觉有所持循者，此段最见近来真切笃实之功。但以此自为不妨，自有得力处，以此遂为定说教人，却未免又有因药发病之患，亦不可不一讲也。盖良知只是一个天理自然明觉发见处，只是一个真诚恻怛，便是他本体。故致此良知之真诚恻怛以事亲便是孝，致此良知之真诚恻怛以从兄便是弟，致此良知之真诚恻怛以事君便是忠，只是一个良知，一个真诚恻怛。若是从兄的良知不能致其真诚恻怛，即是事亲的良知不能致其真诚恻怛矣；事君的良知不能致其真诚恻怛，即是从兄的良知不能致其真诚恻怛矣。故致得事君的良知，便是致却从兄的良知；致得从兄的良知，便是致却事亲的良知。不是事君的良知不能致，却须又从事亲的良知上去扩充将来。如此，又是脱却本原，著在支节上求了。良知只是一个，随他发见流行处，当下具足，更无去来，不须假借。然其发见流行处，却自有轻重厚薄，毫发不容增减者，所谓天然自有之中也。虽则轻重厚薄，毫发不容增减，而原又只是一个。虽则只是一个，而其间轻重厚薄，又毫发不容增减；若可得增减，若须假借，即已非其真诚恻怛之本体矣。此良知之妙用，所以无方体，无穷尽，语大天下莫能载，语小天下莫能破者也。孟氏“尧舜之道，孝弟而已”[②]者，是就人之良知发见得最真切笃厚、不容蔽昧处提省人，使人于事君、处友、仁民、爱物、与凡动静语默间，皆只是致他那一念事亲、从兄真诚恻怛的良知，即自然无不是道。盖天下之事虽千变万化，至于不可穷诘，而但惟致此事亲、从兄一念真诚恻怛之良知以应之，则更无有遗缺渗漏者，正谓其只有此一个良知故也。事亲、从兄一念良知之外，更无有良知可致得者。故曰：“尧舜之道，孝弟而已矣。”此所以为“惟精惟一”之学，放之四海而皆准，“施诸后世而无朝夕”者也。[③]文蔚云：“欲于事亲、从兄之间，而求所谓良知之学。”就自己用工得力处如此说，亦无不可；若曰致其良知之真诚恻怛以求尽夫事亲、从兄之道焉，亦无不可也。明道云：“行仁自孝、弟始。孝、弟是仁之一事，谓之行仁之本则可，谓是仁之本则不可。”其说是矣。“亿、逆、先觉”之说，文蔚谓“诚则旁行曲防，皆良知之用”，甚善甚善！间有搀搭处，则前已言之矣。惟浚之言，亦未为不是。在文蔚须有取于惟浚之言而后尽，在惟浚又须有取于文蔚之言而后明；不然，则亦未免各有倚著之病也。舜察迩言而询刍荛，非是以迩言当察，刍荛当询，而后如此，乃良知之发见流行，光明圆莹，更无罣碍遮隔处，此所以谓之大知；才有执著意必，其知便小矣。讲学中自有去取分辨，然就心地上著实用工夫，却须如此方是。“尽心”三节，[④]区区曾有“生知、学知、困知”之说，颇已明白，无可疑者。盖尽心、知性、知天者，不必说存心、养性，事天不必说夭寿不贰、修身以俟，而存心、养性与修身以俟之功已在其中矣；存心、养性、事天者，虽未到得尽心、知天的地位，然已是在那里做个求到尽心、知天的工夫，更不必说夭寿不贰、修身以俟，而夭寿不贰、修身以俟之功已在其中矣。譬之行路，尽心、知天者，如年力壮健之人，既能奔走往来于数千百里之间者也；存心、事天者，如童稚之年，使之学习步趋于庭除之间者也；夭寿不贰、修身以俟者，如襁抱之孩，方使之扶墙傍壁，而渐学起立移步者也。既已能奔走往来于数千里之间者，则不必更使之于庭除之间而学步趋，而步趋于庭除之间，自无弗能矣；既已能步趋于庭除之间，则不必更使之扶墙傍壁而学起立移步，而起立移步自无弗能矣。然学起立移步，便是学步趋庭除之始，学步趋庭除，便是学奔走往来于数千里之基，固非有二事，但其工夫之难易则相去悬绝矣。心也，性也，天也，一也。故及其知之成功则一。然而三者人品力量，自有阶级，不可躐等而能也。细观文蔚之论，其意以恐尽心、知天者，废却存心、修身之功，而反为尽心、知天之病；是盖为圣人忧工夫之或间断，而不知为自己忧工夫之未真切也。吾侪用工，却须专心致志，在夭寿不贰、修身以俟上做，只此便是做尽心、知天功夫之始；正如学起立移步，便是学奔走千里之始。吾方自虑其不能起立移步，而岂遽虑其不能奔走千里，又况为奔走千里者而虑其或遗忘于起立移步之习哉？文蔚识见本自超绝迈往，而所论云然者，亦是未能脱去旧时解说文义之习，是为此三段书分疏比合，以求融会贯通，而自添许多意见缠绕，反使用工不专一也。近时悬空去做勿忘、勿助者，其意见正有此病，最能担误人，不可不涤除耳。所谓“尊德性而道问学”一节至当归一，更无可疑。此便是文蔚曾著实用工，然后能为此言。此本不是险僻难见的道理，人或意见不同者，还是良知尚有纤翳潜伏，若除去此纤翳，即自无不洞然矣。已作书后，移卧詹间，偶遇无事，遂复答此。文蔚之学既已得其大者，此等处久当释然自解，本不必屑屑如此分疏；但承相爱之厚，千里差人远及，谆谆下问，而竟虚来意，又自不能已于言也。然直戆烦缕已甚，恃在信爱，当不为罪。惟浚处及谦之⑤崇一处，各得转录一通寄视之，尤承一体之好也。

【注释】

①惟浚，陈九川字，号竹亭，临川人。正德进士，授太常博士。致仕后，周流讲学名山，以居明水山，遂易号明水，有《明水先生集》。

②《孟子·告子篇》，曹交问“人皆可以为尧舜，有诸？”孟子答语中有此语。

③施诸后世而无朝夕，《礼记·祭义篇》语，言无一朝一夕可以或外此也。

④即《孟子·尽心篇》首章。

⑤谦之，邹守益字，号东廓，安福人。正德进士第一。讲学于赣州。宸濠反，与守仁军事。后里居日事讲学，四方从游者踵至，学者称东廓先生。有《东廓集》。

训蒙大意示教读刘伯颂等

【原文·179】

古之教者，教以人伦；后世记诵词章之习起，而先王之教亡。今教童子，惟当以孝、弟、忠、信、礼、义、廉、耻为专务；其栽培涵养之方，则宜诱之歌诗以发其志意，导之习礼以肃其威仪，讽之读书以开其知觉。今人往往以歌诗、习礼为不切时务，此皆末俗庸鄙之见，乌足以知古人立教之意哉！大抵童子之情，乐嬉游而惮拘检，如草木之始萌芽，舒畅之则条达，摧挠之则衰痿。今教童子必使其趋向鼓舞，中心喜悦，则其进自不能已；譬之时雨春风，沾被卉木，莫不萌动发越，自然日长月化；若冰霜剥落，则生意萧索，日就枯槁矣。故凡诱之歌诗者，非但发其志意而已，亦所以泄其跳号呼啸于咏歌，宣其幽抑结滞于音节也；导之习礼者，非但肃其威仪而已，亦所以周旋揖让而动荡其血脉，拜起屈伸而固束其筋骸也；讽之读书者，非但开其知觉而已，亦所以沈潜反复而存其心，抑扬讽诵以宣其志也：凡此皆所以顺导其志意，调理其性情，潜消其鄙吝，默化其麤顽，日使之渐于礼义而不苦其难，入于中和而不知其故，是盖先王立教之微意也。若近世之训蒙稚者，日惟督以句读课仿，责其检束而不知导之以礼，求其聪明而不知养之以善，鞭挞绳缚，若待拘囚。彼视学舍如囹狱而不肯入，视师长如寇仇而不欲见，窥避掩覆以遂其嬉游，设诈饰诡以肆其顽鄙，偷薄庸劣，日趋下流。是盖驱之于恶而求其为善也，何可得乎！凡吾所以教，其意实在于此。恐时俗不察，视以为迂，且吾亦将去，故特叮咛以告。尔诸教读其务体吾意，永以为训，毋辄因时俗之言，改废其绳墨，庶成“蒙以养正”之功矣，[①]念之念之！

【注释】

①蒙以养正，《易·蒙卦》彖辞。

教约

【原文·180】

每日清晨，诸生参揖毕，教读以次遍询诸生：在家所以爱亲敬长之心，得无懈忽未能真切否？温清定省之仪，得无亏缺未能实践否？往来街衢步趋礼节，得无放荡未能谨饬否？一应言行心术，得无欺妄非僻未能忠信笃敬否？诸童子务要各以实对，有则改之，无则加勉。教读复随时就事，曲加诲谕开发，然后各退就席肄业。

凡歌诗须要整容定气，清朗其声音，均审其节调，毋躁而急，毋荡而嚣，毋馁而慑。久则精神宣畅，心气和平矣。每学量童生多寡分为四班。每日轮一班歌诗，其余皆就席敛容肃听。每五日则总四班递歌于本学。每朔望集各学会歌于书院。

凡习礼须要澄心肃虑，审其仪节，度其容止，毋忽而惰，毋沮而怍，毋径而野，从容而不失之迂缓，修谨而不失之拘局。久则体貌习熟，德性坚定矣。童生班次皆如歌诗。每间一日则论一班习礼，其余皆就席敛容肃观。习礼之日，免其课仿。每十日则总四班递习于本学。每朔望则集各学会习于书院。

凡授书不在徒多，但贵精熟。量其资禀，能二百字者止可授以一百字，常使精神力量有余，则无厌苦之患，而有自得之美。讽诵之际，务令专心一志，口诵心惟，字字句句紬绎反覆，抑扬其音节，宽虚其心意，久则义礼浃洽，聪明日开矣。

每日工夫，先考德，次背书诵书，次习礼或作课仿，次复诵书讲书，次歌诗。凡习礼歌诗之数，皆所以常存童子之心，使其乐习不倦，而无暇及于邪僻。教者知此，则知所施矣。虽然，此其大略也；神而明之，则存乎其人。

下卷

陈九川录

【原文·181】

正德乙亥，九川初见先生于龙江。[①]先生与甘泉先生论“格物”之说。甘泉持旧说。先生曰：“是求之于外了。”甘泉曰：“若以格物理为外，是自小其心也。”九川甚喜旧说之是。先生又论《尽心》一章，九川一闻却遂无疑。

后家居，复以“格物”遗质。先生答云：“但能实地用功，久当自释。”山间乃自录《大学》旧本读之，觉朱子“格物”之说非是；然亦疑先生以意之所在为物，物字未明。

己卯归自京师，再见先生于洪都。[②]先生兵务倥偬，乘隙讲授，首问：“近年用功何如？”

九川曰：“近年体验得‘明明德’功夫只是‘诚意’。自‘明明德于天下’，步步推入根源，到‘诚意’上再去不得，如何以前又有‘格致’工夫？后又体验，觉得意之诚伪必先知觉乃可，以颜子‘有不善未尝不知，知之未尝复行’为证，[③]豁然若无疑；却又多了‘格物’工夫。又思来吾心之灵何有不知意之善恶？只是物欲蔽了；须格去物欲，始能如颜子未尝不知耳。又自疑功夫颠倒，与‘诚意’不成片段。后问希颜[4]。希颜曰：‘先生谓格物致知是诚意功夫，极好。’九川曰：‘如何是诚意功夫？’希颜令再思体看。九川终不悟，请问。”

先生曰：“惜哉！此可一言而悟，惟浚所举颜子事便是了。只要知身、心、意、知、物是一件。”

九川疑曰：“物在外，如何与身、心、意、知是一件？”

先生曰：“耳、目、口、鼻、四肢，身也，非心安能视、听、言、动？心欲视、听、言、动，无耳、目、口、鼻、四肢亦不能。故无心则无身，无身则无心。但指其充塞处言之谓之身，指其主宰处言之谓之心，指心之发动处谓之意，指意之灵明处谓之知，指意之涉著处谓之物，只是一件。意未有悬空的，必著事物，故欲诚意，则随意所在某事而格之，去其人欲而归天理，则良知之在此事者，无蔽而得致矣。此便是诚意的功夫。”

九川乃释然破数年之疑。又问：“甘泉近亦信用《大学》古本，谓‘格物’犹言‘造道’，又谓穷理如穷其巢穴之穷，以身至之也，故格物亦只是随处体认天理：似与先生之说渐同。”

先生曰：“甘泉用功，所以转得来。当时与说‘亲民’字不须改，他亦不信。今论‘格物’亦近，但不须换物字作理字，只还他一物字便是。”

后有人问九川曰：“今何不疑物字？”曰：“《中庸》曰：‘不诚无物。’程子曰：‘物来顺应。’又如‘物各付物’‘胸中无物’之类，皆古人常用字也。”他日先生亦云然。

【注释】

①龙江，地在今江苏江宁县。

②洪都，今江西南昌县。

③见《易·系辞》。

④希颜，即蔡宗兖，见前第296页。

【原文·182】

九川问："近年因厌泛滥之学，每要静坐，求屏息念虑，非惟不能，愈觉扰扰，如何？"

先生曰："念如何可息？只是要正。"

曰："当自有无念时否？"

先生曰："实无无念时。"

曰："如此却如何言静？"

曰："静未尝不动，动未尝不静。戒谨恐惧即是念，何分动静？"

曰："周子何以言'定之以中正仁义而主静？'"

曰："无欲故静，是'静亦定，动亦定'的定字，主其本体也。戒惧之念，是活泼泼地，此是天机不息处，所谓'维天之命，于穆不已'。[①]一息便是死，非本体之念即是私念。"

【注释】

①《诗·周颂·维天之命篇》语。于，叹辞。穆，深远也。不已，犹不息也。

【原文·183】

又问:"用功收心时,有声、色在前,如常闻、见,恐不是专一。"

曰:"如何欲不闻、见?除是槁木死灰,耳聋、目盲则可。只是虽闻、见而不流去便是。"

曰:"昔有人静坐,其子隔壁读书,不知其勤惰。程子称其甚敬。何如?"

曰:"伊川恐亦是讥他。"

【原文·184】

又问:"静坐用功,颇觉此心收敛;遇事又断了,旋起个念头去事上省察;事过又寻旧功,还觉有内外,打不作一片。"

先生曰:"此'格物'之说未透。心何尝有内外?即如惟浚今在此讲论,又岂有一心在内照管?这听讲说时专敬,即是那静坐时心。功夫一贯,何须更起念头?人须在事上磨炼做功夫乃有益;若只好静,遇事便乱,终无长进。那静时功夫亦差似收敛,而实放溺也。"

后在洪都,复与于中、国裳论内外之说,①渠皆云物自有内外,但要内外并著功夫,不可有间耳。以质先生。

曰:"功夫不离本体,本体原无内外;只为后来做功夫的分了内外,失其本体了。如今正要讲明功夫不要有内外,乃是本体功夫。"

是日俱有省。

【注释】

①于中,王氏,名未详。国裳,舒芬字,进贤人。正德进士第一。

居官屡以极谏受罚。于学以昌明绝学为己任。贯串诸经，尤精于《周礼》。学者称梓溪先生。有《易问笺》《周礼定本》《东观录》《太极绎义》《成仁遗稿》。

【原文·185】

又问：“陆子之学何如？”

先生曰：“濂溪、明道之后，还是象山；只是粗些。”

九川曰：“看他论学，篇篇说出骨髓，句句似针膏肓，却不见他粗。”

先生曰：“然，他心上用过功夫，与揣摹依仿、求之文义自不同，但细看有粗处。用功久，当见之。”

【原文·186】

庚辰往虔州[①]再见先生，问：“近来功夫虽若稍知头脑，然难寻个稳当快乐处。”

先生曰：“尔却去心上寻个天理，此正所谓理障。此间有个诀窍。”

曰：“请问如何？”

曰：“只是致知。”

曰：“如何致？”

曰：“尔那一点良知，是尔自家底准则。尔意念著处，他是便知是，非便知非，更瞒他一些不得。尔只不要欺他，实实落落依著他做去，善便存，恶便去，他这里何等稳当快乐。此便是‘格物’的真诀，‘致知’的实功。若不靠著这些真机，如何去格物？我亦近年体贴出来如此分明，初犹疑只依他恐有不足，精细看，无些小欠阙。”

【注释】

①虔州，今江西虔南县。

【原文·187】

在虔与于中、谦之同侍。先生曰：“人胸中各有个圣人，只自信不及，都自埋倒了。”因顾于中曰：“尔胸中原是圣人。”

于中起不敢当。

先生曰：“此是尔自家有的，如何要推？”

于中又曰：“不敢”。

先生曰：“众人皆有之，况在于中，却何故谦起来？谦亦不得。”

于中乃笑受。

又论：“良知在人，随你如何不能泯灭，虽盗贼亦自知不当为盗，唤他做贼，他还忸怩。”

于中曰：“只是物欲遮蔽；良心在内，自不会失，如云自蔽日，日何尝失了。”

先生曰：“于中如此聪明，他人见不及此。”

【原文·188】

先生曰："这些子看得透彻，随他千言万语是非诚伪，到前便明，合得的便是，合不得的便非，如佛家说'心印'[1]相似，真是个试金石，指南针。"

【注释】

①心印，言印证以心，不待言说也。

【原文·189】

先生曰："人若知这良知诀窍，随他多少邪思枉念，这里一觉，都自消融；真个是灵丹一粒，点铁成金。"

【原文·190】

崇一曰："先生'致知'之旨发尽精蕴，看来这里再去不得。"

先生曰："何言之易也！再用功半年看如何，又用功一年看如何。功夫愈久，愈觉不同，此难口说。"

【原文·191】

先生问九川："于'致知'之说体验如何？"

九川曰："自觉不同；往时操持常不得个恰好处，此乃是恰好处。”

先生曰：“可知是体来与听讲不同。我初与讲时，知尔只是忽易，未有滋味。只这个要妙再体到深处，日见不同，是无穷尽的。”又曰：“此‘致知’二字，真是个千古圣传之秘，见到这里，‘百世以俟圣人而不惑’。”

【原文·192】

九川问曰：“伊川说到体用一原、显微无间处，门人已说是泄天机；先生‘致知’之说，莫亦泄天机太甚否？”

先生曰：“圣人已指以示人，只为后人掩匿，我发明耳，何故说泄？此是人人自有的，觉来甚不打紧一般，然与不用实功人说，亦甚轻忽，可惜彼此无益；无实用功而不得其要者，提撕之甚沛然得力。”

【原文·193】

又曰：“知来本无知，觉来本无觉，然不知则遂沦埋。”

【原文·194】

先生曰：“大凡朋友须箴规指摘处少，诱掖奖劝意多，方是。”后又戒九川云：“与朋友论学，须委曲谦下，宽以居之。”

【原文·195】

九川卧病虔州。先生云："病物亦难格，觉得如何？"

对曰："功夫甚难。"

先生曰："常快活便是功夫。"

【原文·196】

九川问："自省念虑，或涉邪妄，或预料理天下事，思到极处，井井有味，便缱绻难屏，觉得早则易觉迟则难，用力克治，愈觉扞格，惟稍迁念他事，则随两忘。如此廓清，亦似无害。"

先生曰："何须如此，只要在良知上著功夫。"

九川曰："正谓那一时不知。"

先生曰："我这里自有功夫，何缘得他来；只为尔功夫断了，便蔽其知。既断了，则继续旧功便是，何必如此？"

九川曰："直是难鏖，虽知丢他不去。"

先生曰："须是勇；用功久，自有勇。故曰'是集义所生者'。胜得容易，便是大贤。"

【原文·197】

九川问："此功夫却于心上体验明白，只解书不通。"

先生曰："只要解心。心明白，书自然融会。若心上不通，只要书上文义通，却自生意见。"

【原文·198】

有一属官因久听讲先生之学，曰："此学甚好，只是簿书讼狱繁难，不得为学。"

先生闻之，曰："我何尝教尔离了簿书讼狱悬空去讲学？尔既有官司之事，便从官司的事上为学，才是真格物。如问一词讼，不可因其应对无状，起个怒心；不可因他言语圆转，生个喜心；不可恶其嘱托，加意治之；不可因其请求，屈意从之；不可因自己事务烦冗，随意苟且断之；不可因旁人谮毁罗织，随人意思处之：这许多意思皆私，只尔自知，须精细省察克治，惟恐此心有一毫偏倚，杜人是非，这便是格物致知。簿书讼狱之间，无非实学。若离了事物为学，却是著空。"

【原文·199】

虔州将归，有诗别先生云："良知何事系多闻，妙合当时已种根，好恶从之为圣学，将迎无处是乾元。"先生曰："若未来讲此学，不知说'好恶从之'从个甚么。"

敷英在座曰："诚然。尝读先生《大学古本序》，不知所说何事；及来听讲许时，乃稍知大意。"

【原文·200】

于中、国裳辈同侍食。先生曰："凡饮食只是要养我身，食了要消化；若徒蓄积在肚里，便成痞了，如何长得肌肤？后世学者博闻多识，留滞胸中，皆伤食之病也。”

【原文·201】

先生曰：“圣人亦是‘学知’，众人亦是‘生知’。”

问曰：“何如？”

曰：“这良知人人皆有，圣人只是保全无些障蔽，兢兢业业，叠叠翼翼，自然不息，便也是学，只是生的分数多，所以谓之‘生知、安行’；众人自孩提之童，莫不完具此知，只是障蔽多，然本体之知自难泯息，虽问学克治，也只凭他，只是学的分数多，所以谓之‘学知、利行’。”

黄直录

【原文 · 202】

黄以方[①]问："先生格致之说，随时格物以致其知，则知是一节之知，非全体之知也，何以到得'溥博如天，渊泉如渊'地位？[②]"

先生曰："人心是天、渊。心之本体无所不该，原是一个天，只为私欲障碍，则天之本体失了；心之理无穷尽，原是一个渊，只为私欲窒塞，则渊之本体失了。如今念念致良知，将此障碍窒塞一齐去尽，则本体已复，便是天、渊了。"乃指天以示之曰："比如面前见天，是昭昭之天，四外见天，也只是昭昭之天。只为许多房子墙壁遮蔽，便不见天之全体，若撤去房子墙壁，总是一个天矣。不可道眼前天是昭昭之天，外面又不是昭昭之天也。于此便见一节之知即全体之知，全体之知即一节之知，总是一个本体。"

【注释】

①黄以方，名直，金溪人。嘉靖进士。

②语出《中庸》，言周遍静深之至也。

【原文·203】

先生曰："圣贤非无功业气节；但其循著这天理则便是道，不可以事功气节名矣。"

【原文·204】

"'发愤忘食'是圣人之志如此，真无有已时。'乐以忘忧'是圣人之道如此，真无有戚时。恐不必云得不得也。"①

【注释】

①二语系孔子自谓，见《论语·述而篇》。朱熹注云："未得则发愤而忘食，已得则乐之而忘忧。"

【原文·205】

先生曰："我辈致知，只是各随分限所及；今日良知见在如此，只随今日所知扩充到底，明日良知又有开悟，便从明日所知扩充到底，如此方是精一功夫。与人论学，亦须随人分限所及；如树有这些萌芽，只把这些水去灌溉，萌芽再长，便又加水，自拱把以至合抱，灌溉之功皆是随其分限所及，若些小萌芽，有一桶水在，尽要倾上，便浸坏他了。"

【原文·206】

问知、行合一。

先生曰："此须识我立言宗旨。今人学问，只因知、行分作两件，故有一念发动，虽是不善，然却未曾行，便不去禁止。我今说个'知、行合一'，正要人晓得一念发动处，便即是行了；发动处有不善，就将这不善的念克倒了，须要彻根彻底不使那一念不善潜伏在胸中：此是我立言宗旨。"

【原文·207】

"圣人无所不知，只是知个天理；无所不能，只是能个天理。圣人本体明白，故事事知个天理所在，便去尽个天理；不是本体明后，却于天下事物都便知得，便做得来也。天下事物，如名物度数、草木鸟兽之类，不胜其烦，圣人须是本体明了，亦何缘能尽知得。但不必知的，圣人自不消求知，其所当知的，圣人自能问人；如'子入太庙，每事问'之类。[1]先儒谓'虽知亦问，敬谨之至'；此说不可通。圣人于礼乐名物，不必尽知，然他知得一个天理，便自有许多节文度数出来。不知能问，亦即是天理节文所在。"

【注释】

①见《论语·八佾篇》。

【原文 · 208】

问："先生尝谓善、恶只是一物。善、恶两端，如冰、炭相反，如何谓只一物？"

先生曰："至善者，心之本体。本体上才过当些子，便是恶了；不是有一个善，却又有一个恶来相对也。故善、恶只是一物。"

直因闻先生之说，则知程子所谓"善固性也，恶亦不可不谓之性。"又曰："善、恶皆天理。谓之恶者，本非恶，但于本性上过与不及之间耳。"其说皆无可疑。

【原文 · 209】

先生尝谓"人但得好善如好好色，恶恶如恶恶臭，便是圣人。"

直初时闻之，觉甚易，后体验得来，此个功夫著实是难。如一念虽知好善、恶恶，然不知不觉，又夹杂去了。才有夹杂，便不是好善如好好色、恶恶如恶恶臭的心。善能实实的好，是无念不善矣；恶能实实的恶，是无念及恶矣。如何不是圣人？故圣人之学，只是一诚而已。

【原文 · 210】

问修道说言"率性之谓道"属圣人分上事，"修道之谓教"属贤人分上事。

先生曰："众人亦率性也，但率性在圣人分上较多，故'率性之谓道'属圣人事；圣人亦修道也，但修道在贤人分上多，故'修道之谓教’属贤人事。”又曰：“《中庸》一书，大抵皆是说修道的事：故后面凡说君子，说颜渊，说子路，皆是能修道的；说小人，说贤知、愚不肖，说庶民，皆是不能修道的；其他言舜、文、周公、仲尼至诚至圣之类，则又圣人之自能修道者也。”

【原文·211】

问：“儒者到三更时分，扫荡胸中思虑，空空静静，与释氏之静只一般，两下皆不用，此时何所分别？”

先生曰：“动、静只是一个。那三更时分空空静静的，只是存天理，即是如今应事接物的心；如今应事接物的心，亦是循此天理，便是那三更时分空空静静的心。故动、静只是一个，分别不得。知得动、静合一，释氏毫厘差处亦自莫掩矣。”

【原文·212】

门人在座，有动止甚矜持者。先生曰：“人若矜持太过，终是有弊。”

曰：“矜持太过，如何有弊？”

曰：“人只有许多精神，若专在容貌上用功，则于中心照管不及者多矣。”

有太直率者。先生曰：“如今讲此学，却外面全不检束，又分心与事为二矣。”

【原文·213】

门人作文送友行，问先生曰：“作文字不免费思，作了后又一二日常记在怀。”

曰：“文字思索亦无害；但作了常记在怀，则为文所累，心中有一物矣，此则未可也。”

又作诗送人。先生看诗毕，谓曰：“凡作文字要随我分限所及；若说得太过了，亦非修辞立诚矣。”

【原文·214】

“文公‘格物’之说，只是少头脑。如所谓‘察之于念虑之微’，此一句不该与‘求之文字之中，验之于事为之著，索之讲论之际’混作一例看，是无轻重也。”

【原文·215】

问有所忿懥一条。

先生曰：“忿懥几件，人心怎能无得，只是不可‘有所’耳。凡人忿懥，著了一分意思便怒得过当，非廓然大公之体了。故有所忿懥，便不得其正也。如今于凡忿懥等件，只是个物来顺应，不要著一分意思，便心体廓然大公，得其本体之正了。且如出外见人相斗，其不是的，我心亦怒；然虽怒，却此心廓然，不曾动些子气。如今怒人，亦得如此，方才是正。”

【原文·216】

先生尝言："佛氏不著相，其实著了相，吾儒著相，其实不著相。"

请问。

曰："佛怕父子累，却逃了父子，怕君臣累，却逃了君臣，怕夫妇累，却逃了夫妇，都是为个君臣、父子、夫妇著了相，便须逃避。如吾儒有个父子，还他以仁，有个君臣，还他以义，有个夫妇，还他以别，何曾著父子、君臣、夫妇的相？"

黄修易录

【原文·217】

黄勉叔问："心无恶念时，此心空空荡荡的，不知亦须存个善念否？"

先生曰："既去恶念，便是善念，便复心之本体矣；譬如日光被云来遮蔽，云去光已复矣。若恶念既去，又要存个善念，即是日光之中添燃一灯。"

【原文·218】

问："近来用功，亦颇觉妄念不生，但腔子里黑窣窣的，不知如何打得光明？"

先生曰："初下手用功，如何腔子里便得光明？譬如奔流浊水，才贮在缸里，初然虽定，也只是昏浊的；须俟澄定既久，自然渣滓尽去，复得清来。汝只要在良知上用功；良知存久，黑窣窣自能光明也。今便要责效，却是助长，不成工夫。"

【原文·219】

先生曰："吾教人'致良知'，在'格物'上用功，却是有根本的学问；日长进一日，愈久愈觉精明。世儒教人事事物物上去寻讨，却是无根本的学问；方其壮时，虽暂能外面修饰，不见有过，老则精神衰迈，终须放倒；譬如无根之树，移栽水边，虽暂时鲜好，终久要憔悴。"

【原文·220】

问"志于道"一章。①

先生曰："只'志道'一句，便含下面数句功夫，自住不得。譬如做此屋，'志于道'是念念要去择地鸠材，经营成个区宅；'据德'却是经画已成，有可据矣；'依仁'却是常常住在区宅内，更不离去；'游艺'却是加些画采，美此区宅。艺者，义也，理之所宜者也；如诵诗、读书、弹琴、习射之类，皆所以调习此心，使之熟于道也。苟不'志道'而'游艺'，却如无状小子，不先去置造区宅，只管要去买画挂，做门面，不知将挂在何处。"

【注释】

①《论语·述而篇》云："子曰：'志于道，据于德，依于仁，游于艺。'"

【原文·221】

问："读书所以调摄此心，不可缺的。但读之之时，一种科目意思牵引而来，不知何以免此？"

先生曰："只要良知真切，虽做举业，不为心累，总有累，亦易觉克之而已。且如读书时，良知知得强记之心不是，即克去之，有欲速之心不是，即克去之，有夸多斗靡之心不是，即克去之：如此亦只是终日与圣贤印对，是个纯乎天理之心。任他读书，亦只是调摄此心而已，何累之有？"

曰："虽蒙开示，奈资质庸下，实难免累。窃闻穷通有命，上智之人，恐不屑此。不肖为声利牵缠，甘心为此，徒自苦耳。欲屏弃之，又制于亲，不能舍去，奈何？"

先生曰："此事归辞于亲者多矣；其实只是无志。志立得时，良知千事万为只是一事。读书作文，安能累人，人自累于得失耳！"因叹曰："此学不明，不知此处担阁了几多英雄汉！"

【原文·222】

问："'生之谓性'，告子亦说得是，孟子如何非之？"

先生曰："固是性，但告子认得一边去了，不晓得头脑；若晓得头脑，如此说亦是。孟子亦曰：'形色，天性也'，①这也是指气说。"又曰："凡人信口说，任意行，皆说此是依我心性出来，此是所谓生之谓性；然却要有过差。若晓得头脑，依吾良知上说出来，行将去，便自是停当。然良知亦只是这口说，这身行，岂能外得气，别有个去行去说。故曰：'论性不论气，不备；论气不论性，不明。'②气亦性也，性亦气也，但须认得头脑是当。"

【注释】

①见《孟子·尽心篇》

②程颐语。

【原文·223】

又曰："诸君功夫，最不可'助长'。上智绝少，学者无超入圣人之理。一起一伏，一进一退，自是功夫节次。不可以我前日用得功夫了，今却不济，便要矫强做出一个没破绽的模样，这便是'助长'，连前些子功夫都坏了。此非小过。譬如行路的人遭一蹶跌，起来便走，不要欺人做那不曾跌倒的样子出来。诸君只要常常怀个'遁世无闷，不见是而无闷'之心，依此良知忍耐做去，不管人非笑，不管人毁谤，不管人荣辱，任他功夫有进有退，我只是这致良知的主宰，不息久久，自然有得力处，一切外事亦自能不动。"又曰："人若著实用功，随人毁谤，随人欺慢，处处得益，处处是进德之资；若不用功，只是魔也，终被累倒。"

【原文·224】

先生一日出游禹穴，[①]顾田间禾曰："能几何时，又如此长了！"

范兆期在傍曰："此只是有根。学问能自植根，亦不患无长。"

先生曰："人孰无根，良知即是天植灵根，自生生不息；但著了私累，把此根戕贼蔽塞，不得发生耳。"

【注释】

①禹穴，会稽山之一峰，在今浙江绍兴县。

【原文·225】

一友常易动气责人，先生警之曰："学须反己；若徒责人，只见得人不是，不见自己非；若能反己，方见自己有许多未尽处，奚暇责人？舜能化得象的傲，其机括只是不见象的不是。若舜只要正他的奸恶，就见得象的不是矣；象是傲人必不肯相下，如何感化得他？"

是友感悔。

曰："你今后只不要去论人之是非，凡当责辩人时，就把做一件大己私，克去方可。"

【原文·226】

先生曰："凡朋友问难，纵有浅近粗疏，或露才扬己，皆是病发。当因其病而药之可也，不可便怀鄙薄之心，非君子与人为善之心矣。"

【原文·227】

问："《易》，朱子主卜筮，程《传》主理，[①]何如？"

先生曰："卜筮是理，理亦是卜筮。天下之理孰有大于卜筮者乎？只为后世将卜筮专主在占卦上看了，所以看得卜筮似小艺。不知今之师友问答，博学、审问、慎思、明辨、笃行之类，皆是卜筮。卜筮者，不过求决狐疑，神明吾心而已。《易》是问诸天；人有疑，自信不及，故以《易》问天；谓人心尚有所涉，惟天不容伪耳。"

【注释】

①程颐《易传序》曰："吉凶消长之理、进退存亡之道备于辞。推辞考卦，可以知变，象与占在其中矣。……至微者理也，至著者象也。"又答张闳中书曰："来书云：'《易》之本义起于数'，则非也。有理而后有象，有象而后有数。《易》因象以明理，由象以知数，得其义，则象数在其中矣。"此主理之说也。朱熹曰："《易》得其理则象数在中，固是如此。然溯流以观，却须先见象数的当下落，方说得理不走作。不然事无实证，则虚理易差也。"又曰："《易传》言理甚备，象数却欠。"此主卜筮之说也。

黄省曾录

【原文 · 228】

黄勉之[1]问："'无适也，无莫也，义之与比，[2]'事事要如此否？"

先生曰："固是事事要如此，须是识得个头脑乃可。义即是良知，晓得良知是个头脑，方无执著。且如受人馈送，也有今日当受的，他日不当受的，也有今日不当受的，他日当受的。你若执著了今日当受的，便一切受去，执著了今日不当受的，便一切不受去，便是'适莫'，便不是良知的本体。如何唤得做义？"

【注释】

①黄勉之，号五岳，名省曾，吴县人。举嘉靖乡试，以任达跅弛终其身。于书无不览。有《西洋朝贡典录》，《拟诗外传》，《客问》，《骚苑》，《五岳山人集》等书。

②孔子语，见《论语·里仁篇》。适，丁历反，专主也。莫，不肯也。比，必二反，从也。言无可无不可，惟义是从也。

【原文·229】

问："'思无邪'一言，如何便盖得三百篇之义？[①]"

先生曰："岂特三百篇，《六经》只此一言便可该贯，以至穷古今天下圣贤的话，'思无邪'一言也可该贯。此外更有何说？此是一了百当的功夫。"

【注释】

①《论语·为政篇》云："子曰：'《诗》三百，一言以蔽之曰思无邪'。"

【原文·230】

问道心、人心。

先生曰："'率性之谓道'便是道心；但著些人的意思在，便是人心。道心本是无声无臭，故曰'微'；依著人心行去，便有许多不安稳处，故曰'危'。"

【原文·231】

问："'中人以下，不可以语上[①]'，愚的人与之语上尚且不进，况不与之语可乎？"

先生曰："不是圣人终不与语，圣人的心忧不得人人都做圣人；只是人的资质不同，施教不可躐等，中人以下的人，便与他说性、说命，他也不省得，也须谩谩琢磨他起来。"

【注释】

①孔子语，见《论语·雍也篇》。

【原文·232】

一友问："读书不记得如何？"

先生曰："只要晓得，如何要记得？要晓得已是落第二义了，只要明得自家本体。若徒要记得，便不晓得；若徒要晓得，便明不得自家的本体。"

【原文·233】

问："'逝者如斯'是说自家心性活泼泼地否？[①]"

先生曰："然。须要时时用致良知的功夫，方才活泼泼地，方才与他川水一般；若须臾间断，便与天地不相似。此是学问极至处，圣人也只如此。"

【注释】

①《论语·子罕篇》云："子在川上曰：'逝者如斯夫！不舍昼夜。'"

【原文·234】

问志士、仁人章。[①]

先生曰："只为世上人都把生身命子看得来太重，不问当死不当死，定要宛转委曲保全，以此把天理却丢去了，忍心害理，何者不为。若违了天理，便与禽兽无异，便偷生在世上百千年，也不过做了千百年的禽兽。学者要于此等处看得明白；比干、龙逄，只为他看得分明，所以能成就得他的仁。"

【注释】

①《论语·卫灵公篇》云："子曰：'志士、仁人无求生以害仁，有杀身以成仁。'"

【原文·235】

问："叔孙武叔毁仲尼，[①]大圣人如何犹不免于毁谤？"

先生曰："毁谤自外来的，虽圣人如何免得？人只贵于自修，若自己实实落落是个圣贤，纵然人都毁他，也说他不著；却若浮云掩日，如何损得日的光明。若自己是个象恭色庄、不坚不介的，纵然没一个人说他，他的恶慝终须一日发露。所以孟子说'有求全之毁，有不虞之誉。'[②]毁誉在外的，安能避得，只要自修何如尔。"

【注释】

①叔孙武叔，名州仇，春秋鲁人。《论语·子张篇》纪叔孙武叔毁仲尼，子贡斥之。

②见《孟子·离娄篇》。

【原文·236】

刘君亮[1]要在山中静坐。

先生曰："汝若以厌外物之心去求之静，是反养成一个骄惰之气了；汝若不厌外物，复于静处涵养，却好。"

【注释】

①刘君亮，字元道。

【原文·237】

王汝中[1]、省曾侍坐。

先生握扇命曰："你们用扇。"

省曾起对曰："不敢。"

先生曰："圣人之学不是这等捆缚苦楚的。不是妆做道学的模样。"

汝中曰："观仲尼与曾点言志一章略见。"

先生曰："然。以此章观之，圣人何等宽洪包含气象。且为师者问志于群弟子，三子皆整顿以对，至于曾点，飘飘然不看那三子在眼，自去鼓起瑟来，何等狂态；及至言志，又不对师之问目，都是狂言。设在伊川，或斥骂起来了。圣人乃复称许他，何等气象。圣人教人，不是个束缚他通做一般，只如狂者便从狂处成就他，狷者便从狷处成就他，人之才气如何同得。"

【注释】

①王汝中，名畿，号龙溪，山阴人。举嘉靖进士，历官武选郎中。

夏言斥为伪学，谢病归，益务讲学。有《龙溪全集》，《语录》。

【原文·238】

先生语陆元静曰：“元静少年亦要解《五经》，志亦好博。但圣人教人，只怕人不简易，他说的皆是简易之规；以今人好博之心观之，却似圣人教人差了。”

【原文·239】

先生曰：“孔子无不知而作；[1]颜子有不善未尝不知：此是圣学真血脉路。”

【注释】

①《论语·述而篇》云：“子曰：‘盖有不知而作之者，我无是也。’”

钱德洪录

【原文·240】

何廷仁[①]、黄正之、李侯璧、汝中、德洪侍坐。先生顾而言曰：“汝辈学问不得长进，只是未立志。”

侯璧起而对曰：“珙亦愿立志。”

先生曰：“难说不立，未是必为圣人之志耳。”

对曰：“愿立必为圣人之志。”

先生曰：“你真有圣人之志，良知上更无不尽；良知上留得些子别念挂带，便非必为圣人之志矣。”

洪初闻时心若未服，听说到不觉悚汗。

【注释】

①何廷仁，初名泰，以字行，改字性之，号善山，雩都人。初慕陈献章，后师王守仁。有《善山语录》。

【原文·241】

先生曰："良知是造化的精灵，这些精灵，生天生地，成鬼成帝，皆从此出，真是与物无对。人若复得他完完全全，无少亏欠，自不觉手舞足蹈，不知天地间更有何乐可代。"

【原文·242】

一友静坐有见，驰问先生。

答曰："吾昔居滁时，[①]见诸生多务知解口耳异同，无益于得，姑教之静坐。一时窥见光景，颇收近效；久之渐有喜静厌动，流入枯槁之病，或务为玄解妙觉，动人听闻。故迩来只说'致良知'。良知明白，随你去静处体悟也好，随你去事上磨炼也好，良知本体原是无动无静的：此便是学问头脑。我这个话头，自滁州到今，亦较过几番，只是'致良知'三字无病。医经折肱，方能察人病理。"

【注释】

①按《年谱》正德八年，阳明至滁州督马政，地僻官闲，从游者始众。滁州今为安徽滁县。

【原文·243】

一友问："功夫欲得此知时时接续，一切应感处反觉照管不及，若去事上周旋，又觉不见了。如何则可？"

先生曰："此只认良知未真，尚有内外之间。我这里功夫不由人急心，认得良知头脑是当，去朴实用功，自会透彻。到此便是内外两忘，又何心事不合一。”

【原文·244】

又曰：“功夫不是透得这个真机，如何得他充实光辉？若能透得时，不由你聪明知解接得来。须胸中渣滓浑化，不使有毫发沾带始得。”

【原文·245】

先生曰：“‘天命之谓性’，命即是性。‘率性之谓道’，性即是道。‘修道之谓教’，道即是教。”

问：“如何道即是教？”

曰：“道即是良知：良知原是完完全全，是的还他是，非的还他非，是非只依著他，更无有不是处，这良知还是你的明师。”

【原文·246】

问：“‘不睹不闻’是说本体，‘戒慎恐惧’是说功夫否？”

先生曰：“此处须信得本体原是不睹不闻的，亦原是戒慎恐惧的，戒慎恐惧不曾在不睹不闻上加得些子。见得真时，便谓戒慎恐惧是本体，不睹不闻是功夫亦得。”

【原文 · 247】

问："通乎昼夜之道而知。[①]"

先生曰："良知原是知昼知夜的。"

又问："人睡熟时，良知亦不知了。"

曰："不知何以一叫便应？"

曰："良知常知，如何有睡熟时？"

曰："向晦宴息，此亦造化常理。夜来天地混沌，形色俱泯，人亦耳目无所睹闻，众窍俱翕，此即良知收敛凝一时。天地既开，庶物露生，人亦耳目有所睹闻，众窍俱辟，此即良知妙用发生时。可见人心与天地一体，故上下与天地同流。今人不会宴息，夜来不是昏睡，即是妄思魇寐。"

曰："睡时功夫如何用？"

先生曰："知昼即知夜矣。日间良知是顺应无滞的，夜间良知即是收敛凝一的，有梦即先兆。"

【注释】

①《易·系辞传》语。

【原文 · 248】

又曰："良知在夜气发的方是本体，以其无物欲之杂也。学者要使事物纷扰之时，常如夜气一般，就是'通乎昼夜之道而知。'"

【原文 · 249】

先生曰："仙家说到虚，圣人岂能虚上加得一毫实？佛氏说到无，圣人岂能无上加得一毫有？但仙家说虚从养生上来，佛氏说无从出离生死苦海上来，却于本体上加却这些子意思在，便不是他虚无的本色了，便于本体有障碍。圣人只是还他良知的本色，更不著些子意在。良知之虚便是天之太虚，良知之无便是太虚之无形，日、月、风、雷、山、川、民、物，凡有貌象形色，皆在太虚无形中发用流行，未尝作得天的障碍。圣人只是顺其良知之发用，天地万物俱在我良知的发用流行中，何尝又有一物超于良知之外能作得障碍？"

【原文 · 250】

或问："释氏亦务养心，然要之不可以治天下，何也？"

先生曰："吾儒养心未尝离却事物，只顺其天则自然就是功夫。释氏却要尽绝事物，把心看做幻相，渐入虚寂去了，与世间若无些子交涉，所以不可治天下。"

【原文 · 251】

或问"异端"。

先生曰："与愚夫、愚妇同的，是谓同德；与愚夫、愚妇异的，是谓异端。"

【原文 · 252】

先生曰："孟子不动心与告子不动心，所异只在毫厘间。告子只在不动心上著功，孟子便直从此心原不动处分晓。心之本体原是不动的；只为所行有不合义，便动了。孟子不论心之动与不动，只是'集义'，所行无不是义，此心自然无可动处。若告子只要此心不动，便是把捉此心，将他生生不息之根反阻挠了，此非徒无益，而又害之。孟子'集义'工夫，自是养得充满，并无馁歉，自是纵横自在，活泼泼地；此便是浩然之气。"

【原文 · 253】

又曰："告子病源，从性无善无不善上见来。性无善无不善，虽如此说，亦无大差。但告子执定看了，便有个无善无不善的性在内，有善有恶又在物感上看，便有个物在外；却做两边看了，便会差。无善无不善，性原是如此；悟得及时，只此一句便尽了，更无有内外之间。告子见一个性在内，见一个物在外，便见他于性有未透彻处。"

【原文 · 254】

朱本思[①]问："人有虚灵，方有良知。若草、木、瓦、石之类，亦有良知否？"

先生曰："人的良知，就是草、木、瓦、石的良知；若草、木、瓦、石无人的良知，不可以为草、木、瓦、石矣。岂惟草、木、瓦、石为然，天、地无人的良知，亦不可为天、地矣。盖天、地万物与人原是一体，其发窍之最精处，是人心一点灵明，风、雨、露、雷，日、月、星、辰，禽、兽、草、木，山、川、土、石，与人原只一体。故五谷、禽兽之类皆可以养人，药石之类皆可以疗疾，只为同此一气，故能相通耳。”

【注释】

①朱本思，名得之，靖江人，一作乌程人。其学近于老氏。有《参玄三语》《庄子通义》《宵练匣》。

【原文 · 255】

先生游南镇，一友指岩中花树问曰：“天下无心外之物；如此花树，在深山中自开自落，于我心亦何相关？”

先生曰：“你未看此花时，此花与汝心同归于寂；你来看此花时，则此花颜色一时明白起来：便知此花不在你的心外。”

【原文 · 256】

问：“大人与物同体，如何《大学》又说个厚薄？[①]”

先生曰：“惟是道理自有厚薄。比如身是一体，把手足捍头目，岂是偏要薄手足，其道理合如此。禽兽与草木同是爱的，把草木去养禽兽，又忍得；人与禽兽同是爱的，宰禽兽以养亲与供祭祀，燕宾客，心又忍得；至亲与路人同是爱的，如箪食豆羹，得则生，不得则死，不能两全，宁救至亲，不救路人，心又忍得：这是道理合该如此。及至吾身与至亲，更不得分别彼此厚薄。盖以仁民爱物皆从此出，此处可忍，更无所不忍矣。《大学》所谓厚薄，是良知上自然的条理，不可逾越，此便谓之义；顺这个条理，便谓之礼；知此条理便谓之智；终始是这条理，便谓之信。”

【注释】

①《大学》云：“自天子以至于庶人，壹是皆以修身为本。其本乱而末治者否矣。其所厚者薄，而其所薄者厚，未之有也。”

【原文 · 257】

又曰：“目无体，以万物之色为体；耳无体，以万物之声为体；鼻无体，以万物之臭为体；口无体，以万物之味为体；心无体，以天地万物感应之是非为体。”

【原文 · 258】

问“夭寿不贰”。

先生曰：“学问功夫，于一切声利、嗜好俱能脱落殆尽，尚有一种生死念头毫发挂带，便于全体有未融释处。人于生死念头，本从生身命根上带来，故不易去。若于此处见得破，透得过，此心全体方是流行无碍，方是尽性至命之学。”

【原文·259】

一友问："欲于静坐时将好名、好色、好货等根，逐一搜寻，扫除廓清，恐是剜肉做疮否？"

先生正色曰："这是我医人的方子，真是去得人病根，更有大本事人，过了十数年，亦还用得著。你如不用，且放起，不要作坏我的方子！"

是友愧谢。

少间曰："此量非你事，必吾们稍知意思者为此说以误汝。"

在坐者皆悚然。

【原文·260】

一友问功夫不切。

先生曰："学问功夫，我已曾一句道尽，如何今日转说转远，都不著根！"

对曰："致良知盖闻教矣，然亦须讲明。"

先生曰："既知致良知，又何可讲明？良知本是明白，实落用功便是；不肯用功，只在语言上转说转糊涂。"

曰："正求讲明致之之功。"

先生曰："此亦须你自家求，我亦无别法可道。昔有禅师，人来问法，只把尘尾提起。一日，其徒将尘尾藏过，试他如何设法。禅师寻尘尾不见，又只空手提起。我这个良知就是设法的尘尾，舍了这个，有何可提得？"

少间，又一友请问功夫切要。

先生旁顾曰："我尘尾安在？"

一时在坐者皆跃然。

【原文·261】

或问至诚前知。[①]

先生曰："诚是实理，只是一个良知。实理之妙用流行就是神，其萌动处就是几。诚神几曰圣人。圣人不贵前知；祸福之来，虽圣人有所不免，圣人只是知几，遇变而通耳。良知无前后，只知得见在的几，便是一了百了。若有个前知的心，就是私心，就有趋避利害的意。邵子[②]必于前知，终是利害心未尽处。"

【注释】

①《中庸》云："至诚之道，可以前知。"

②邵子，名雍，字尧夫，宋人。研图书先天象数之学，以为能前知。

【原文·262】

先生曰："无知无不知，本体原是如此。譬如日未尝有心照物，而自无物不照，无照无不照，原是日的本体。良知本无知，今却要有知，本无不知，今却疑有不知，只是信不及耳。"

【原文·263】

先生曰："'惟天下之圣，为能聪明睿知'，[1]旧看何等玄妙，今看来原是人人自有的。耳原是聪，目原是明，心思原是睿知，圣人只是一能之尔，能处正是良知。众人不能，只是个不致知。何等明白简易！"

【注释】

①《中庸》语。

【原文·264】

问："孔子所谓远虑，[1]周公夜以继日，与将迎不同何如？"

先生曰："远虑不是茫茫荡荡去思虑，只是要存这天理。天理在人心，亘古亘今，无有终始。天理即是良知，千思万虑，只是要致良知。良知愈思愈精明，若不精思，漫然随事应去，良知便粗了。若只著在事上茫茫荡荡去思，教做远虑，便不免有毁誉得丧人欲搀入其中，就是将迎了。周公终夜以思，只是'戒慎不睹，恐惧不闻'的功夫；见得时其气象与将迎自别。"

【注释】

①《论语·卫灵公篇》云："子曰：'人无远虑，必有近忧。'"

【原文·265】

问："'一日克己复礼，天下归仁'，[1]朱子作效验说，如何？"

先生曰："圣贤只是为己之学，重功夫不重效验。仁者以万物为体；不能一体，只是己私未忘。全得仁体，则天下皆归于吾仁，就是八荒皆在我闼意；天下皆与，其仁亦在其中。如'在邦无怨，在家无怨'，亦只是自家不怨，如'不怨天、不尤人'之意；然家邦无怨于我，亦在其中，但所重不在此。"

【注释】

①孔子答颜渊问仁语，见《论语·颜渊篇》。

【原文·266】

问："孟子'巧力、圣智'之说，[1]朱子云：'三子力有余而巧不足。'何如？"

先生曰："三子固有力亦有巧。巧、力实非两事，巧亦只在用力处，力而不巧，亦是徒力。三子譬如射，一能步箭，一能马箭，一能远箭，他射得到俱谓之力，中处俱可谓之巧；但步不能马，马不能远，各有所长，便是才力分限有不同处。孔子则三者皆长。然孔子之和只到得柳下惠而极，清只到得伯夷而极，任只到得伊尹而极，何曾加得些子。若谓'三子力有余而巧不足'，则其力反过孔子了。'巧、力'只是发明'圣、知'之义，若识得'圣、知'本体是何物，便自了然。"

【注释】

①《孟子·万章篇》云："孟子曰：'伯夷，圣之清者也。伊尹，圣之任者也。柳下惠，圣之和者也。孔子，圣之时者也。孔子之谓集大成。集大成也者，金声而玉振之也。金声也者，始条理也；玉振之也者，终条理也。始条理者，智之事也；终条理者，圣之事也。智，譬则巧也；圣，譬则力也。由射于百步之外也，其至，尔力也，其中，非尔力也。"

【原文·267】

先生曰："'先天而天弗违'，天即良知也。'后天而奉天时'，良知即天也。"①

【注释】

①引语为《易·乾卦·文言》。

【原文·268】

"良知只是个是非之心；是非只是个好恶，只好恶，就尽了是非，只是非就尽了万事万变。"又曰："是非两字是个大规矩，巧处则存乎其人。"

【原文 · 269】

“圣人之知，如青天之日，贤人如浮云天日，愚人如阴霾天日，虽有昏明不同，其能辨黑白则一。虽昏黑夜里，亦影影见得黑白，就是日之余光未尽处。困学功夫，亦只从这点明处精察去耳。”

【原文 · 270】

问：“知譬日，欲譬云，云虽能蔽日，亦是天之一气合有的，欲亦莫非人心合有否？”

先生曰：“喜、怒、哀、惧、爱、恶、欲谓之七情，七者俱是人心合有的；但要认得良知明白。比如日光，亦不可指著方所，一隙通明，皆是日光所在；虽云雾四塞，太虚中色象可辨，亦是日光不灭处；不可以云能蔽日，教天不要生云。七情顺其自然之流行，皆是良知之用，不可分别善恶；但不可有所著。七情有著，俱谓之欲，俱为良知之蔽。然才有著时，良知亦自会觉，觉即蔽去，复其体矣。此处能勘得破，方是简易透彻功夫。”

【原文 · 271】

问：“圣人生知、安行是自然的，如何有甚功夫？”

先生曰：“知、行二字，即是功夫，但有浅深难易之殊耳。良知原是精精明明的。如欲孝亲，生知、安行的只是依此良知实落尽孝而已，学知、利行者只是时时省觉，务要依此良知尽孝而已；至于困知、勉行者，蔽锢已深，虽要依此良知去孝，又为私欲所阻，是以不能，必须加人一己百、人十己千之功，方能依此良知以尽其孝。圣人虽是生知，安行，然其心不敢自是，肯做困知、勉行的功夫。困知、勉行的却要思量做生知、安行的事，怎生成得？”

【原文·272】

问：“乐是心之本体，不知遇大故，于哀哭时，此乐还在否？”

先生曰：“须是大哭一番了方乐，不哭便不乐矣；虽哭，此心安处即是乐也。本体未尝有动。”

【原文·273】

问：“良知一而已，文王作彖，周公系爻，孔子赞《易》，何以各自看理不同？”

先生曰：“圣人何能拘得死格，大要出于良知同，便各为说何害？且如一园竹，只要同此枝节，便是大同；若拘定枝枝节节，都要高下大小一样，便非造化妙手矣。汝辈只要去培养良知；良知同，更不妨有异处。汝辈若不肯用功，连笋也不曾抽得，何处去论枝节？”

【原文·274】

乡人有父子讼狱请诉于先生，侍者欲阻之，先生听之，言不终辞，其父子相抱恸哭而去。

柴鸣治入问曰：“先生何言，致伊感悔之速？”

先生曰：“我言舜是世间大不孝的子，瞽瞍是世间大慈的父。”

鸣治愕然请问。

先生曰：“舜常自以为大不孝，所以能孝；瞽瞍常自以为大慈，所以不能慈。瞽瞍只记得舜是我提孩长的，今何不曾豫悦我，不知自心已为后妻所移了，尚谓自家能慈，所以愈不能慈；舜只思父提孩我时如何爱我，今日不爱，只是我不能尽孝，日思所以不能尽孝处，所以愈能孝。及至瞽瞍底豫时，[①]又不过复得此心原慈的本体。所以后世称舜是个古今大孝的子，瞽瞍亦做成个慈父。”

【注释】

①孟子曰：“舜尽事亲之道，而瞽瞍底豫。”见《孟子·离娄篇》。底，致也。豫，悦乐也。

【原文·275】

先生曰：“孔子有鄙夫来问，未尝先有知识以应之，其心只空空而已；但叩他自知的是非两端，与之一剖决，鄙夫之心便已了然。鄙夫自知的是非，便是他本来天则，虽圣人聪明，如何可与增减得一毫？他只不能自信，夫子与之一剖决，便已竭尽无余了。若夫子与鄙夫言时，留得些子知识在，便是不能竭他的良知，道体即有二了。”

【原文·276】

先生曰："'烝烝乂不格奸'，[①]本注说象已进进于义，不至大为奸恶。舜徵庸后，[②]象犹日以杀舜为事，何大奸恶如之！舜只是自进于乂，以乂薰烝，不去正他奸恶。凡文过掩慝，此是恶人常态；若要指摘他是非，反去激他恶性。舜初时致得象要杀己，亦是要象好的心太急，此就是舜之过处。经过来，乃知功夫只在自己，不去责人，所以致得'克谐'；[③]此是舜动心忍性、增益不能处。古人言语，俱是自家经历过来，所以说得亲切，遗之后世，曲当人情；若非自家经过，如何得他许多苦心处。"

【注释】

①见《书·尧典》，四岳答尧语，言舜能以至孝化父母及弟也。烝，进也。乂，治也。

②徵庸，言见召而任用也。

③是语之上曰："克谐以孝。"

【原文·277】

先生曰："古乐不作久矣；今之戏子，尚与古乐意思相近。"

未达，请问。

先生曰："'韶'之九成，便是舜的一本戏子；'武'之九变，便是武王的一本戏子。圣人一生实事，俱播在乐中，所以有德者闻之，便知他尽善、尽美与尽美未尽善处。若后世作乐，只是做些词调，于民俗风化绝无关涉，何以化民善俗！今要民俗反朴还淳，取今之戏子，将妖淫词调俱去了，只取忠臣、孝子故事，使愚俗百姓人人易晓，无意中感激他良知起来，却于风化有益；然后古乐渐次可复矣。”

曰：“洪要求元声不可得，恐于古乐亦难复。”

先生曰：“你说元声在何处求？”

对曰：“古人制管候气，恐是求元声之法。”

先生曰：“若要去葭灰黍粒中求元声，却如水底捞月，如何可得？元声只在你心上求。”

曰：“心如何求？”

先生曰：“古人为治，先养得人心和平，然后作乐。比如在此歌诗，你的心气和平，听者自然悦怿兴起，只此便是元声之始。《书》[①]云：‘诗言志’，志便是乐的本；‘歌永言’，歌便是作乐的本；‘声依永，律和声’，律只要和声，和声便是制律的本：何尝求之于外？”

曰：“古人制候气法，是意何取？”

先生曰：“古人具中和之体以作乐，我的中和原与天地之气相应，候天地之气，协凤凰之音，不过去验我的气果和否；此是成律已后事，非必待此以成律也。今要候灰管，先须定至日；然至日子时恐又不准，又何处取得准来？”

【注释】

①《书·舜典》。

【原文·278】

先生曰：“学问也要点化，但不如自家解化者，自一了百当；

不然，亦点化许多不得。”

【原文·279】

“孔子气魄极大，凡帝王事业，无不一一理会，也只从那心上来；譬如大树有多少枝叶，也只是根本上用得培养功夫，故自然能如此，非是从枝叶上用功做得根本也。学者学孔子，不在心上用功，汲汲然去学那气魄，却倒做了。”

【原文·280】

“人有过多于过上用功，就是补甑，[①]其流必归于文过。”

【注释】

①东汉孟敏荷甑堕地，不顾去，曰：“已破矣，视之何益？”补甑本此。

【原文·281】

“今人于吃饭时，虽然一事在前，其心常役役不宁，只缘此心忙惯了，所以收摄不住。”

【原文·282】

“琴、瑟、简编，学者不可无，盖有业以居之，心就不放。”

【原文·283】

先生叹曰：“世间知学的人，只有这些病痛打不破，就不是善与人同。”

崇一曰：“这病痛只是个好高不能忘己尔。”

【原文·284】

问：“良知原是中和的，如何却有过、不及？”

先生曰：“知得过、不及处，就是中和。”

【原文·285】

“‘所恶于上’是良知，‘毋以使下’即是致知。[①]”

【注释】

①所引两语出自《大学》。

【原文·286】

先生曰："苏秦、张仪之智，也是圣人之资。后世事业文章，许多豪杰名家，只是学得仪、秦故智。仪、秦学术善揣摸人情，无一些不中人肯綮，故其说不能穷。仪、秦亦是窥见得良知妙用处，但用之于不善尔。"

【原文·287】

或问未发、已发。

先生曰："只缘后儒将未发、已发分说了，只得劈头说个无未发、已发，使人自思得之。若说有个已发、未发，听者依旧落在后儒见解。若真见得无未发、已发，说个有未发、已发原不妨，原有个未发、已发在。"

问曰："未发未尝不和，已发未尝不中。譬如钟声未扣，不可谓无，既扣不可谓有。毕竟有个扣与不扣，何如？"

先生曰："未扣时原是惊天动地，既扣时也只是寂天寞地。"

【原文·288】

问："古人论性，各有异同，何者乃为定论？"

先生曰："性无定体，论亦无定体，有自本体上说者，有自发用上说者，有自源头上说者，有自流弊处说者：总而言之，只是一个性，但所见有浅深尔。若执定一边，便不是了。性之本体，原是无善、无恶的；发用上也原是可以为善、可以为不善的，其流弊也原是一定善、一定恶的。譬如眼，有喜时的眼，有怒时的眼，直视就是看的眼，微视就是觑的眼：总而言之，只是这个眼。若见得怒时眼，就说未尝有喜的眼，见得看时眼，就说未尝有觑的眼，皆是执定，就知是错。孟子说性，直从源头上说来，亦是说个大概如此。荀子性恶之说，是从流弊上说来，也未可尽说他不是；只是见得未精耳。众人则失了心之本体。”

问：“孟子从源头上说性，要人用功在源头上明彻；荀子从流弊说性，功夫只在末流上救正，便费力了。”

先生曰：“然。”

【原文·289】

先生曰：“用功到精处，愈著不得言语，说理愈难。若著意在精微上，全体功夫反蔽泥了。”

【原文·290】

“杨慈湖[①]不为无见，又著在无声无臭上见了。”

【注释】

①杨慈湖，名简，字敬仲，宋慈溪人。乾道进士，为陆九渊弟子。少时尝自视无过，视人有过。一日，忽怀疑念，旋省得己过，乃痛惩力改，刻意为学。

【原文·291】

人一日间，古今世界都经过一番，只是人不见耳。夜气清明时，无视无听，无思无作，淡然平怀，就是羲皇世界。平旦时，神清气朗，雍雍穆穆，就是尧、舜世界。日中以前，礼仪交会，气象秩然，就是三代世界。日中以后，神气渐昏，往来杂扰，就是春秋、战国世界。渐渐昏夜，万物寝息，景象寂寥，就是人消物尽世界。学者信得良知过，不为气所乱，便常做个羲皇已上人。

【原文·292】

薛尚谦、邹谦之、马子莘、王汝止[①]侍坐，因叹先生自征宁藩已来，[②]天下谤议益众，请各言其故。有言先生功业势位日隆，天下忌之者日众；有言先生之学日明，故为宋儒争是非者亦日博；有言先生自南都以后，同志信从者日众，而四方排阻者日益力。

先生曰："诸君之言，信皆有之；但吾一段自知处，诸君俱未道及耳。"

诸友请问。

先生曰："我在南都已前，尚有些子乡愿的意思在；我今信得这良知真是真非，信手行去，更不著些覆藏；我今才做得个狂者的胸次，使天下之人都说我行不掩言也罢。"

尚谦出曰："信得此过，方是圣人的真血脉。"

【注释】

①王汝止，名艮，号心斋，泰州人。守仁弟子遍天下，艮以布衣抗其间，声名出诸弟子上。

②宁王宸濠为明武宗之叔，自南昌起兵谋乱。时阳明巡抚南赣，破濠兵，擒之。

【原文·293】

先生锻炼人处，一言之下，感人最深。

一日，王汝止出游归，先生问曰："游何见？"对曰："见满街人都是圣人。"先生曰："你看满街人是圣人，满街人到看你是圣人在。"

又一日，董萝石[①]出游而归，见先生曰："今日见一异事。"先生曰："何异？"对曰："见满街人都是圣人。"先生曰："此亦常事耳，何足为异。"

盖汝止圭角未融，萝石恍见有悟，故问同答异，皆反其言而进之。

洪与黄正之、张叔谦[②]、汝中丙戌会试归，为先生道涂中讲学，有信有不信。先生曰："你们拿一个圣人去与人讲学，人见圣人来，都怕走了，如何讲得行！须做得个愚夫、愚妇，方可与人讲学。"

洪又言今日要见人品高下最易。先生曰："何以见之？"对曰："先生譬如泰山在前，有不知仰者，须是无目人。"先生曰："泰山不如平地大，平地有何可见？"先生一言翦裁，剖破终年为外好高之病，在座者莫不悚惧。

【注释】

①董萝石，名沄，字复宗，海盐人，萝石其号也。以能诗闻江湖间。嘉靖间年六十八，游会稽，闻守仁之说，遂师事之。诗友

非笑之。沄曰："吾从吾之所好尔。"因号从吾道人。有《董从吾稿》。

②张叔谦，名元冲，号浮峰，山阴人。嘉靖进士。官至左副都御使巡抚江西。守仁谓其门真切纯笃无如元冲云。

【原文 · 294】

癸未春，邹谦之来越问学，居数日，先生送别于浮峰。[①]是夕与希渊诸友移舟宿延寿寺，秉烛夜坐，先生慨怅不已，曰："江涛烟柳，故人倏在百里外矣！"

一友问曰："先生何念谦之之深也？"

先生曰："曾子所谓'以能问于不能，以多问于寡，有若无，实若虚，犯而不校'，[②]若谦之者良近之矣。"

【注释】

①越中山也。

②见《论语 · 泰伯篇》。

【原文 · 295】

丁亥年九月，先生起复征思田，[①]将命行时，德洪与汝中论学。汝中举先生教言："无善、无恶是心之体，有善有恶是意之动，知善、知恶是良知，为善去恶是格物。"

德洪曰："此意如何？"

汝中曰："此恐未是究竟话头；若说心体是无善、无恶，意亦是无善、无恶的意，知亦是无善、无恶的知，物是无善、无恶的物矣。若说意有善、恶，毕竟心体还有善、恶在。”

德洪曰：“心体是‘天命之性’，原是无善、无恶的；但人有习心，意念上见有善恶在，格、致、诚、正、修，此正是复那性体功夫，若原无善恶，功夫亦不消说矣。”

是夕侍坐天泉桥，各举请正。

先生曰：“我今将行，正要你们来讲破此意。二君之见，正好相资为用，不可各执一边。我这里接人，原有此二种。利根之人，直从本原上悟入，人心本体原是明莹无滞的；原是个未发之中；利根之人一悟本体即是功夫，人己内外一齐俱透了。其次不免有习心在，本体受蔽，故且教在意念上实落为善、去恶，功夫熟后，渣滓去得尽时，本体亦明尽了。汝中之见，是我这里接利根人的；德洪之见，是我这里为其次立法的。二君相取为用，则中人上下皆可引入于道；若各执一边，眼前便有失人，便于道体各有未尽。”既而曰：“已后与朋友讲学，切不可失了我的宗旨。无善、无恶是心之体，有善、有恶是意之动，知善、知恶的是良知，为善、去恶是格物。只依我这话头随人指点，自没病痛，此原是彻上彻下功夫。利根之人，世亦难遇；本体功夫一悟尽透，此颜子、明道所不敢承当，岂可轻易望人。人有习心，不教他在良知上实用为善、去恶功夫，只去悬空想个本体，一切事为俱不著实，不过养成一个虚寂；此个病痛不是小小，不可不早说破。”

是日德洪、汝中俱有省。

【注释】

①思，今广西上思县。田，今广西凌云县。其地土官仇杀为乱，守仁奉命往征之。

钱德洪序

【原文·296】

先生初归越时，朋友踪迹尚寥落，既后四方来游者日进。癸未年已后，环先生而居者比屋，如天妃、光相诸刹，每当一室，常合食者数十人，夜无卧处，更相就席，歌声彻昏旦。南镇、禹穴、阳明洞诸山远近寺刹，徒足所到，无非同志游寓所在。先生每临讲座，前后左右环坐而听者，常不下数百人，送往迎来，月无虚日；至有在侍更岁，不能遍记其姓名者。每临别，先生常叹曰："君等虽别，不出在天地间，苟同此志，吾亦可以忘形似矣。"诸生每听讲出门，未尝不跳跃称快。尝闻之同门先辈曰：南都以前，朋友从游者虽众，未有如在越之盛者。此虽讲学日久，孚信渐博，要亦先生之学日进，感召之机，申变无方，亦自有不同也。

黄以方录

【原文·297】

黄以方问："'博学于文'为随事学存此天理，然则谓'行有余力，则以学文'，①其说似不相合。"

先生曰："《诗》《书》《六艺》皆是天理之发见，文字都包在其中，考之《诗》《书》《六艺》，皆所以学存此天理也，不特发见于事为者方为文耳。'余力学文'，亦只'博学于文'中事。"

或问"学而不思"二句。②

曰："此亦有为而言，其实思即学也。学有所疑，便须思之。'思而不学'者，盖有此等人，只悬空去思，要想出一个道理，却不在身心上实用其力，以学存此天理；思与学作两事做，故有'罔'与'殆'之病。其实思只是思其所学，原非两事也。"

【注释】

①《论语·学而篇》云："子曰：'弟子入则孝，出则弟，谨而信，泛爱众，而亲仁，行有余力，则以学文。'"

②《论语·为政篇》云："子曰：'学而不思则罔，思而不学则殆。'"

【原文·298】

先生曰："先儒解'格物'为'格天下之物'，天下之物如何格得？且谓一草一木亦皆有理，今如何去格？纵格得草木来，如何反来诚得自家意？我解'格'作'正'字义，'物'作'事'字义。《大学》之所谓'身'，即耳、目、口、鼻、四肢是也。欲修身便是要目非礼勿视，耳非礼勿听，口非礼勿言，四肢非礼勿动。要修这个身，身上如何用得工夫？心者身之主宰，目虽视而所以视者心也，耳虽听而所以听者心也，口与四肢虽言、动而所以言、动者心也，故欲修身在于体当自家心体，常令廓然大公，无有些子不正处。主宰一正，则发窍于目自无非礼之视，发窍于耳自无非礼之听，发窍于口与四肢自无非礼之言、动，此便是修身在正其心。然至善者，心之本体也，心之本体那有不善？如今要正心，本体上何处用得功？必就心之发动处才可著力也。心之发动不能无不善，故须就此处著力，便是在诚意。如一念发在好善上，便实实落落去好善，一念发在恶恶上，便实实落落去恶恶，意之所发，既无不诚，则其本体如何有不正的？故欲正其心在诚意。工夫到诚意，始有著落处。然诚意之本，又在于致知也。所谓人虽不知而己所独知者，此正是吾心良知处。然知得善，却不依这个良知便做去，知得不善，却不依这个良知便不去做，则这个良知便遮蔽了，是不能致知也。吾心良知既不得扩充到底，则善虽知好，不能著实好了，恶虽知恶，不能著实恶了，如何得意诚？

故致知者，意诚之本也。然亦不是悬空的致知，致知在实事上格。如意在于为善，便就这件事上去为，意在于去恶，便就这件事上去不为；去恶固是格不正以归于正，为善则不善正了，亦是格不正以归于正也。如此，则吾心良知无私欲蔽了，得以致其极，而意之所发，好善、去恶，无有不诚矣。诚意工夫实下手处在格物也。若如此格物，人人便做得；人皆可以为尧、舜，正在此也。”

【原文·299】

先生曰：“众人只说‘格物’要依晦翁，何曾把他的说去用！我著实曾用来。初年与钱友同论做圣贤要格天下之物，如今安得这等大的力量；因指亭前竹子令去格看。钱子早夜去穷格竹子的道理，竭其心思至于三日，便致劳神成疾。当初说他这是精力不足，某因自去穷格，早夜不得其理，到七日，亦以劳思致疾。遂相与叹圣贤是做不得的，无他大力量去格物了。及在夷中三年，颇见得此意思，乃知天下之物本无可格者；其格物之功，只在身心上做；决然以圣人为人人可到，便自有担当了。这里意思，却要说与诸公知道。”

【原文·300】

门人有言邵端峰论童子不能格物，只教以洒扫、应对之说。

先生曰：“洒扫、应对就是一件物。童子良知只到此。便教去洒扫、应对，就是致他这一点良知了。又如童子知畏先生长者，此亦是他良知处。故虽嬉戏中，见了先生长者，便去作揖恭敬，是他能格物以致敬师长之良知了。童子自有童子的格物致知。”又曰：“我这里言格物，自童子以至圣人，皆是此等工夫；但圣人格物，便更熟得些子，不消费力。如此格物，虽卖柴人亦是做得，虽公卿大夫以至天子，皆是如此做。”

【原文 · 301】

或疑知行不合一，以“知之匪艰”二句为问。

先生曰：“良知自知，原是容易的；只是不能致那良知，便是‘知之匪艰，行之惟艰’。[①]”

【注释】

①二语见《书 · 说命篇》。

【原文 · 302】

门人问曰：“知、行如何得合一？且如《中庸》言‘博学之’，又说个‘笃行之’，分明知、行是两件。”

先生曰：“博学只是事事学存此天理，笃行只是学之不已之意。”

又问：“《易》‘学以聚之’，又言‘仁以行之’，[①]此是如何？”

先生曰：“也是如此。事事去学存此天理，则此心更无放失时，故曰：‘学以聚之。’然常常学存此天理，更无私欲间断，此即是此心不息处，故曰‘仁以行之’。”

又问："孔子言'知及之，仁不能守之'，[2]知行却是两个了。"

先生曰："说'及之'，已是行了，但不能常常行，已为私欲间断，便是'仁不能守'。"

又问："心即理之说，程子云'在物为理'，如何谓心即理？"

先生曰："在物为理，在字上当添一心字；此心在物则为理，如此心在事父则为孝，在事君则为忠之类。"先生因谓之曰："诸君要识得我立言宗旨。我如今说个心即理是如何，只为世人分心与理为二，故便有许多病痛。如五伯攘夷狄，尊周室，都是一个私心，便不当理，人却说他做得当理，只心有未纯，往往悦慕其所为，要来外面做得好看，却与心全不相干。分心与理为二，其流至于伯道之伪而不自知。故我说个心即理，要使知心理是一个，便来心上做工夫，不去袭义于外，便是王道之真。此我立言宗旨。"

又问："圣贤言语许多，如何却要打做一个？"

曰："我不是要打做一个，如曰'夫道一而已矣。'[3]又曰'其为物不二，则其生物不测。'天地圣人皆是一个，如何二得？"

【注释】

①二语见《乾卦·文言》。

②见《论语·卫灵公篇》。下语为"虽得之，必失之。"

③孟子语。见《孟子·滕文公篇》。

【原文·303】

"心不是一块血肉，凡知觉处便是心；如耳目之知视听，手足之知痛痒，此知觉便是心也。"

【原文·304】

以方问曰："先生之说'格物'，凡《中庸》之'慎独'及'集义''博约'等说，皆为'格物'之事。"

先生曰："非也，格物即慎独，即戒惧；至于'集义''博约'，工夫只一般，不是以那数件都做'格物'底事。"

【原文·305】

以方问"尊德性"一条。①

先生曰："'道问学'即所以'尊德性'也。晦翁言子静以'尊德性'诲人，某教人岂不是'道问学'处多了些子，是分'尊德性''道问学'作两件。且如今讲习讨论下许多工夫，无非只是存此心，不失其德性而已；岂有'尊德性'只空空去尊，更不去问学，问学只是空空去问学，更与德性无关涉？如此，则不知今之所以讲习讨论者，更学何事！"

问"致广大"二句。

曰："'尽精微'即所以'致广大'也，'道中庸'即所以'极高明'也。盖心之本体自是广大底，人不能'尽精微'，则便为私欲所蔽，有不胜其小者矣。故能细微曲折，无所不尽，则私意不足以蔽之，自无许多障碍遮隔处，如何广大不致？"

又问："精微还是念虑之精微，是事理之精微？"

曰："念虑之精微，即事理之精微也。"

【注释】

①《中庸》云："故君子尊德性而道学问，致广大而尽精微，

极高明而道中庸，温故而知新，敦厚以崇礼。”

【原文 · 306】

先生曰：“今之论性者，纷纷异同，皆是说性，非见性也。见性者无异同之可言矣。”

【原文 · 307】

问：“声、色、货、利，恐良知亦不能无。”

先生曰：“固然。但初学用功，却须扫除荡涤，勿使留积，则适然来遇，始不为累，自然顺而应之。良知只在声、色、货、利上用功。能致得良知精精明明，毫发无蔽，则声、色、货、利之交，无非天则流行矣。”

【原文 · 308】

先生曰：“吾与诸公讲‘致知’‘格物’，日日是此，讲一二十年俱是如此。诸君听吾言，实去用功，见吾讲一番，自觉长进一番。否则只作一场话说，虽听之一何用。”

【原文 · 309】

先生曰:“人之本体,常常是寂然不动的,常常是感而遂通的;未应不是先,已应不是后。”

【原文 · 310】

一友举:“佛家以手指显出,问曰:‘众曾见否?’众曰:‘见之。’复以手指入袖,问曰:‘众还见否?’众曰:‘不见。’佛说还未见性。此义未明。”

先生曰:“手指有见有不见,尔之见性常在。人之心神只在有睹有闻上驰骛,不在不睹不闻上著实用功。盖不睹不闻是良知本体,戒慎恐惧是致良知的工夫。学者时时刻刻常睹其所不睹,常闻其所不闻,工夫方有个实落处;久久成熟后,则不须著力,不待防检,而真性自不息矣。岂以在外者之闻见为累哉?”

【原文 · 311】

问:“先儒谓鸢飞鱼跃,与‘必有事焉’,同一活泼泼地。”

先生曰:“亦是。天地间活泼泼地,无非此理,便是吾良知的流行不息,‘致良知’便是‘必有事’的工夫。此理非惟不可离,实亦不得而离也。无往而非道,无往而非工夫。”

【原文·312】

先生曰："诸公在此，务要立个必为圣人之心，时时刻刻须是一棒一条痕，一掴一掌血，方能听吾说话，句句得力。若茫茫荡荡度日，譬如一块死肉，打也不知得痛痒，恐终不济事，回家只寻得旧时伎俩而已，岂不惜哉？"

【原文·313】

问："近来妄念也觉少，亦觉不曾著想定要如何用功，不知此是工夫否？"

先生曰："汝且去著实用功，便多这些著想也不妨，久久自会妥帖；若才下得些功，便说效验，何足为恃！"

【原文·314】

一友自叹："私意萌时，分明自心知得，只是不能使他即去。"

先生曰："你萌时，这一知处便是你的命根，当下即去消磨，便是立命工夫。"

【原文·315】

"夫子说'性相近'，即孟子说'性善'，不可专在气质上说。若说气质，如刚与柔对，如何相近得，惟性善则同耳。人生初时善，原是同的，但刚的习于善则为刚善，习于恶则为刚恶，柔的习于善则为柔善，习于恶则为柔恶，便日相远了。”

【原文·316】

先生尝语学者曰：“心体上著不得一念留滞，就如眼著不得些子尘沙，些子能得几多，满眼便昏天黑地了。”又曰：“这一念不但是私念，便好的念头亦著不得些子；如眼中放些金玉屑，眼亦开不得了。”

【原文·317】

问：“人心与物同体，如吾身原是血气流通的，所以谓之同体；若于人便异体了，禽、兽、草、木益远矣。而何谓之同体？”

先生曰：“你只在感应之几上看；岂但禽、兽、草、木，虽天、地也与我同体的，鬼、神也与我同体的。”

请问。

先生曰：“你看这个天、地中间，甚么是天、地的心？”

对曰：“尝闻人是天地的心。”

曰：“人又甚么教做心？”

对曰：“只是一个灵明。”

“可知充天塞地中间，只有这个灵明。人只为形体自间隔了。我的灵明，便是天、地、鬼、神的主宰。天没有我的灵明，谁去仰他高？地没有我的灵明，谁去俯他深？鬼、神没有我的灵明，谁去辩他吉、凶、灾、祥？天、地、鬼、神、万物，离却我的灵明，便没有天、地、鬼、神、万物了；我的灵明，离却天、地、鬼、神、万物，亦没有我的灵明。如此，便是一气流通的，如何与他间隔得？”

又问：“天、地、鬼、神、万物，千古见在，何没了我的灵明，便俱无了？”

曰：“今看死的人，他这些精灵游散了，他的天、地、万物尚在何处？”

【原文 · 318】

先生起行征思、田，德洪与汝中追送严滩，汝中举佛家实相幻相之说。

先生曰：“有心俱是实，无心俱是幻；无心俱是实，有心俱是幻。”

汝中曰：“有心俱是实，无心俱是幻，是本体上说工夫；无心俱是实，有心俱是幻，是工夫上说本体。”

先生然其言。洪于是时尚未了达，数年用功，始信本体、工夫合一。但先生是时因问偶谈，若吾儒指点人处，不必借此立言耳。

【原文 · 319】

尝见先生送二三耆宿出门，退坐于中轩，若有忧色。德洪趋进请问。先生曰：“顷与诸老论及此学，真员凿方枘。此道坦如道路，世儒往往自加荒塞，终身陷荆棘之场而不悔，吾不知其何说也！”

德洪退谓朋友曰："先生诲人，不择衰朽，仁人悯物之心也。"

【原文·320】

先生曰："人生大病只是一傲字。为子而傲必不孝，为臣而傲必不忠，为父而傲必不慈，为友而傲必不信。故象与丹朱俱不肖，亦只一傲字，便结果了此生。诸君常要体此，人心本是天然之理，精精明明，无纤介染著，只是一无我而已；胸中切不可有，有即傲也。古先圣人许多好处，也只是无我而已，无我自能谦。谦者众善之基，傲者众恶之魁。"

【原文·321】

又曰："此道至简至易的，亦至精至微的。孔子曰：'其如示诸掌乎。'①且人于掌何日不见，及至问他掌中多少文理，却便不知。即如我良知二字，一讲便明，谁不知得；若欲的见良知，却谁能见得？"

问曰："此知恐是无方体的，最难捉摸。"

先生曰："良知即是《易》，'其为道也屡迁，变动不居，周流六虚，上下无常，刚柔相易，不可为典要，惟变所适。'②此知如何捉摸得？见得透时便是圣人。"

【注释】

①《论语·八佾篇》云："或问禘之说。子曰：'不知也。

知其说者之于天下也，其如示诸斯乎。’指其掌。”

②《易·系辞传》语。

【原文·322】

问：“孔子曰：‘回也非助我者也。’[①]是圣人果以相助望门弟子否？”

先生曰：“亦是实话。此道本无穷尽，问难愈多，则精微愈显。圣人之言本自周遍，但有问难的人胸中窒碍，圣人被他一难，发挥得愈加精神。若颜子闻一知十，胸中了然，如何得问难；故圣人亦寂然不动，无所发挥，故曰非助。”

【注释】

①《论语·先进篇》云：“子曰：‘回也非助我者也，于吾言无所不说。’”

【原文·323】

邹谦之尝语德洪曰：“舒国裳曾持一张纸，请先生写‘拱把之桐梓’一章。[①]先生悬笔为书，到‘至于身而不知所以养之者’，顾而笑曰：‘国裳读书，中过状元来，岂诚不知身之所以当养，还须诵此以求警。’一时在侍诸友皆惕然。”

【注释】

①《孟子·告子篇》。其文曰："拱把之桐梓，人苟欲生之，皆知所以养之者。至于身而不知所以养之者，岂爱身不若桐梓哉？弗思甚也！"

钱德洪跋

【原文·324】

嘉靖戊子冬，德洪与王汝中奔师丧至广信，讣告同门，约三年收录遗言。继后同门各以所记见遗。洪择其切于问正者，合所私录，得若干条。居吴时，将与文录并刻矣。适以忧去，未遂。当是时也，四方讲学日众，师门宗旨既明，若无事于赘刻者，故不复萦念。去年，同门曾子才汉得洪手抄，复傍为采辑，名曰遗言，以刻行于荆。洪读之，觉当时采录未精，乃为删其重复，削去芜蔓，存其三之一，名曰《传习续录》，复刻于宁国之水西精舍。今年夏，洪来游蕲，沈君思畏曰："师门之教久行于四方，而独未及于蕲。蕲之士得读遗言，若亲炙夫子之教，指见良知，若重睹日月之光。惟恐传习之不博，而未以重复之为繁也，请裒其所逸者增刻之。若何？"洪曰："然师门致知格物之旨，开示来学，学者躬修默悟，不敢以知解承，而惟以实体得。故吾师终日言是而不惮其烦，学者终日听是而不厌其数。盖指示专一，则体悟日精，几迎于言前，神发于言外，感遇之诚也。今吾师之没未及三纪，而格言微旨渐觉沦晦，岂非吾党身践之不力，多言有以病之耶？学者之趋不一，师门之教不宣也。”乃复取逸稿，采其语之不背者，得一卷。其余影响不真，与文录既载者，皆削之。并易中卷为问答语，以付黄梅尹张君增刻之。庶几读者不以知解承而惟以实体得，则无疑于是录矣。嘉靖丙辰夏四月，门人钱德洪拜书于蕲之崇正书院。